Super Omnia Bonae Voluntatis

La misión de la Doncella

ELOGIOS a *La misión de la Doncella*

"Juana fue contra todas las expectativas de modo tan flagrante que ningún hecho lo explica suficientemente".

—Mary Gordon
Joan of Arc

"¿Qué puede decir un historiador sobre este relato casi increíble de una campesina analfabeta que alteró el curso de la historia, amedrentó a reyes, superó a generales y se elevó por encima de las capacidades humanas hasta la santidad?"

—Morris Bishop
The Middle Ages

"Llevó a cabo su tarea con un enorme riesgo físico tanto para su virginidad como para su vida, y con un riesgo considerable de perder tanto su reputación como su influencia... Sin embargo, Juana no se dejó intimidar por el peligro ni la calumnia, precisamente por su confianza en que Dios era su capitán y líder".

—Donald Spoto
Joan: The Mysterious Life of the Heretic Who Became a Saint

"A finales de la primavera de 1429, la victoria inglesa parecía cercana, si no inevitable. En ese momento, Juana *la Pucelle* apareció en escena. Para asombro de todos, inspiró la liberación de Orleans y llevó al Delfín Carlos a Reims para su unción y coronación".

—Régine Pernoud y Marie-Véronique Clin
Joan of Arc: Her Story

"Pero supongamos por un momento que la carta original llegó a Bedford. ¿Qué le habría parecido?... Los ingleses, aparte de su poesía, no son una raza imaginativa: en el campo de la política práctica son propensos a confiar en la fuerza más que en la imaginación, un sistema que funciona noventa y nueve de cada cien veces. Juana fue la centésima vez".

—Vita Sackville-West
Saint Joan of Arc

Serie Un héroe es elegido
Historias heroicas de los santos

Libro primero

Reflexiones de un monje poco común
Hacia una teología de la santidad heroica

Libro segundo

La misión de la Doncella
La historia heroica de Juana de Arco

Libro tercero

El buen siervo de Dios y del rey
La historia heroica de Tomás Moro

Libro cuarto

Rey de reyes
La historia heroica de Jesús de Nazaret

Libro quinto

Fraile, sacerdote y mártir
La historia heroica de Maximilian Kolbe

Libro sexto

Una historia de vocación jamás contada
Un relato heroico de futuros santos

Libro séptimo

Versículos bíblicos de héroes
Meditaciones de un santo

La misión de la Doncella

La historia heroica de Juana de Arco

Hermano Emmanuel Labrise, O. S. B.

Un héroe es elegido

Libro segundo

Saint Joseph Books

Saint Joseph Books
Saint Benedict, LA

Título en inglés: *Mission of the Maiden: The Hero Story of Joan of Arc*
Traducido por Asunción Álvarez
Ilustración interior de Izabela Ciesinska
Mapas de John Labrise
Portada de Sam Wall

Ilustración de portada: Juana de Arco en el sitio de Orleans,
de Jules-Eugène Lenepveu (1819–1898), pintado entre 1886 y1890
(commons.wikimedia.org/wiki/File:Lenepveu,_Jeanne_d%27Arc_au_si%C3%A8ge_d%27Orl%
C3%A9ans.jpg).

ISBN 978-1-963123-22-7 (tapa dura)
ISBN 978-1-963123-23-4 (rústica)
ISBN 978-1-963123-24-1 (libro electrónico)

He hecho todo lo posible por ponerme en contacto con todos los titulares de derechos de autor.

Primera impresión en 2025.

Índice

Primera parte: contexto histórico

Segunda parte: la misión de la Doncella

Presentación de la serie

Reflexiones de un monje poco común es el primer libro de la serie *Un héroe es elegido*, y sirve de base espiritual y moral. A partir del segundo libro, *La misión de la Doncella*, todas las historias se basan en las cuestiones y temas introducidos en *Reflexiones de un monje poco común*. El objetivo principal de esta serie es transmitir principios espirituales cristianos y enseñar virtudes morales en el contexto de historias de héroes y santos.

Conviene señalar aquí el concepto central y los temas predominantes en cada libro, empezando por *La misión de la Doncella*. Cada relato, ya sea histórico o ficticio, narra la historia de uno o varios héroes santos llamados por Dios a una vocación particular y elegidos por él para cumplir una misión personal. El contexto histórico es crucial. Una gran parte de cada libro se dedica a situar al protagonista en su entorno histórico, en el que se le ofrece la oportunidad de realizar una tarea o una serie de tareas, y de padecer un acontecimiento o una serie de acontecimientos que lo cualifican para ser un héroe santo. En todos los casos, excepto en el de Remmy Kimm, que aparece en el relato de ficción *Una historia de vocación jamás contada*, esto ocurre durante la última parte de sus vidas. Algunas veces dura años; otras, tan solo un día.

El marco temporal es menos importante que el propio acontecimiento o momento heroico. Uno puede convertirse en héroe santo a través de un único acto heroico al final de su vida o a través de toda una vida de servicio desinteresado. Dom Tom Mo, el otro protagonista de *Una historia de vocación jamás contada*, recibió la llamada de sacrificar su vida por los pasajeros de su nave espacial en el transcurso de unas pocas horas. Remmy Kimm, por su parte, fue llamada a años de servicio misionero y a sobrevivir a una experiencia cercana a la muerte. Ambos son mártires: uno rojo (sangre, muerte) y una blanca (servicio desinteresado a los demás).

La posición que uno ocupa en la vida cuando recibe la llamada también es menos importante que el acontecimiento y el momento heroicos. Juana de Arco recibió la llamada desde el anonimato a una misión pública que duró menos de un año y que culminó con su muerte en la hoguera como hereje. Tomás Moro recibió la llamada desde la prominencia para sacrificar su alta posición en la sociedad inglesa e incluso su vida por lealtad a la fe que había profesado. Jesús de Nazaret también recibió la llamada desde el anonimato a un ministerio público que duró unos tres años y que terminó con su crucifixión. El acontecimiento y el momento heroico también eclipsan cualquier competencia o riqueza que uno posea cuando recibe la llamada. Con la posible excepción del santo Tomás Moro, todas son historias de marginados.

Cabe hacer una última observación sobre el lugar que estos libros ocupan en el ámbito de la literatura. En mi opinión, ninguno de los libros de esta serie —ya sean históricos o de ficción— es, en sentido estricto, una obra biográfica, histórica o de ficción, aunque contenga relatos biográficos, contenido histórico o ficción. Mucho menos son hagiografías, aunque se traten de la vida de santos canonizados. Se trata, más bien, de relatos de héroes santos que pertenecen al género de la literatura cristiana de no ficción.

Quienes aprecien las obras de Joseph Campbell, especialmente su escrito más influyente, *El héroe de las mil caras*, quizá encuentren algo valioso en las páginas de estos libros. Sin embargo, no he intentado modelar los personajes de ficción según sus escritos ni he intentado enmarcar la narración de estas historias de personajes históricos reales basándome en su trabajo sobre el mito y las figuras míticas. Más bien, me siento atraído por el arquetipo y el comportamiento arquetípico del héroe santo que yace en lo más profundo del inconsciente de todo ser humano, al menos si se admite la teoría de Jung. Este arquetipo, como tantos otros, se manifiesta en películas, libros, arte y representaciones públicas de todas las épocas, desde la antigüedad hasta el cine popular de hoy. El arquetipo del héroe santo es el que sirve de base psicológica para las historias de esta serie.

Me ha parecido útil ofrecer un breve léxico de términos en el que el lector pueda enfocarse. Sin embargo, no puedo ofrecer definiciones para cada uno de ellos, ya que existe cierta fluidez de significado dependiendo de la vida de cada persona. Al menos la mención de ellos ayudará a que el lector sea consciente de los aspectos importantes de cada historia, y de la temática y el carácter de esta serie. El léxico aparece en la página siguiente.

Léxico de términos

1. Acontecimiento heroico
2. Arenas del tiempo
3. Aventura del héroe
4. Búsqueda del héroe
5. Caminante
6. *Deus ex machina*
7. Experiencia culminante
8. Experiencia en el desierto
9. Héroe santo
10. Historia heroica
11. Mareas de la historia
12. Ministerio
13. Misión
14. Momento heroico
15. Muerte que conduce a la eternidad
16. Océanos de eternidad
17. Peregrinación
18. Peregrino
19. Propósito en la vida
20. Purificación
21. Realización en la vida
22. Recompensa
23. Santidad
24. Santidad personal
25. Santificación
26. Santo en ciernes

Libro segundo

La misión de la Doncella

Introducción al libro segundo

Este humilde y pequeño libro es uno más en la larga lista de libros escritos sobre Juana de Arco. No aspira a añadir nada nuevo a lo que ya existe en la literatura, pero ofrece una versión breve y legible de su vida en su contexto histórico, así como una historia de héroe en el contexto de la serie *Un héroe es elegido*.

La misión de la Doncella trata acerca de una heroína y santa que en inglés conocemos como "Juana de Arco", pero no me refiero a ella por ese nombre más allá de la introducción en la versión española. En su juicio, consta que dijo que la gente de su pueblo natal de Domrémy la llamaba "Jehanette" ("Pequeña Jehanne"[1]), pero una vez que salió de casa y viajó a otras partes de Francia para cumplir su misión, la llamaron "Jehanne". Aunque Juana testificó en su juicio que su padre se llamaba "Jacques d'Arc", no tenemos evidencia de que alguna vez se refirieran a ella como "Jehanne d'Arc" ("Juana de Arco"). Por el contrario, existen relatos contemporáneos que atestiguan que a menudo se refería a sí misma al hablar, y era conocida por el pueblo de Francia durante

---

[1] Se pronuncia *yan (con yeísmo, como con acento argentino)*.

su misión pública, como "Jehanne la Pucelle" ("la Doncella, la Virgen Juana" en español). Además, aunque era analfabeta, aprendió a escribir su nombre, y se conservan cartas dictadas por ella y firmadas de su puño y letra como "Jehanne la Pucelle".

En español, "la Pucelle" se traduce habitualmente como "la Doncella" en referencia a Juana. Aunque el término "doncella" se utilizaba para designar a una "criada que sirve cerca de la señora, o que se ocupa en los menesteres domésticos ajenos a la cocina", he optado por traducir "pucelle" en la versión española como "doncella", ya que, además de ser la traducción tradicional, también tiene el significado "mujer virgen". Esto es importante porque entender correctamente "la Pucelle" en la forma en que ella y sus contemporáneos entendían el término es clave para comprender su imagen de sí misma, su identidad personal y cómo se la conocía en su época, que era como una "joven mujer y una virgen soltera". Es cierto que en su juicio declaró que se dedicaba a las tareas domésticas cuando vivía en casa de sus padres, pero no hay pruebas de que se dedicara al servicio doméstico una vez que abandonó Domrémy y se embarcó en su misión, y sólo entonces adoptó el título de "la Pucelle". Fue como si dejara atrás una identidad (la campesina a la que sus padres educaron para realizar las tareas domésticas y otros quehaceres típicos de la vida aldeana medieval) y abrazara otra (la joven virgen que responde a la llamada de Dios y se convierte en soldado y capitana para luchar por el legítimo rey de Francia y expulsar a los injustos invasores ingleses). Junto con esta misión llegó una nueva identidad, un nuevo papel y un nuevo título: "la Pucelle."

A juzgar por el testimonio de los testigos que la conocieron en Domrémy y participaron en su juicio de rehabilitación, las cualidades que exhibía como soldado y guerrera no eran evidentes cuando era una campesina. Parece que se produjo algún tipo de transformación, como cuando Abraham partió de Harán por orden de Dios y recibió una nueva misión (convertirse en el Padre de una gran nación) y un nuevo nombre ("Abraham") que se correspondía con una nueva identidad. Otorgar un nuevo nombre para acompañar una nueva misión e identidad es común en las Escrituras (por ejemplo, "Jacob" se convirtió en "Israel", "Simón" en "Pedro", "Saulo" en "Pablo "). Cuando "Jehanette" salió de Domrémy, se convirtió en "Jehanne la Pucelle" ("la Doncella, la Virgen Juana"), y nunca más volvió a ocuparse de las tareas domésticas ni de los quehaceres domésticos de su anterior modo de vida.

Al usar el nombre español "Juana", no diferencio entre "Jehanette, la campesina y aldeana" y "Jehanne la guerrera-heroína-soldado", sino que lo utilizo para designar su identidad tanto *antes* como *después de* su partida de Domrémy. Sin embargo, por las razones expuestas y, sobre todo, por lo que se refiere a esta serie, parece oportuno hacer alguna distinción. Dado que la forma diminutiva de "Juana" —"Juanita"— nunca se utiliza en español en referencia a nuestra Juana, pensé que esta distinción se reflejaría mejor en su título. Por lo tanto, en esta versión de su historia, me refiero a ella una vez que se embarcó en su misión pública como "Juana *la Pucelle*."

Juana y sus contemporáneos lo habrían reconocido de inmediato, y, bien entendido, protege indefectiblemente su identidad y su imagen.

Es apropiado mantener esta distinción por otro motivo: no sólo refleja la transformación que tuvo lugar en Juana, sino que refleja la transformación que se produjo en mí, y espero que en todos los que lean este libro. Juana es una figura histórica famosa y casi todo el mundo puede decir algo sobre su vida (por ejemplo, que era una campesina francesa que se convirtió en caballero; que llevaba armadura y portaba espada y estandarte; que ardió en la hoguera por ayudar al rey de Francia contra los ingleses, etc.). Esto era todo lo que yo sabía de ella antes de investigar y escribir este libro, pero en el último año he pasado a sentir un profundo respeto por Juana que se ha convertido en veneración.

No era perfecta en absoluto, pero sólo tenía diecinueve años cuando fue martirizada, y durante su corta vida demostró un carácter y una determinación admirables que serían difíciles, si no imposibles, de emular para la mayoría de nosotros. Me ha impresionado profundamente su integridad y heroísmo, y espero que el lector llegue a sentir lo mismo, si es que aún no lo siente. Se ha producido en mí una transformación de la "Juana que conocí" a la "Juana que conozco ahora" —una transformación que refleja la que tuvo lugar en ella durante su vida terrenal de "Juana antes de su vocación y misión" a "Juana la heroína y santa que respondió a la llamada de Dios".

Las transformaciones pueden experimentarse en un momento determinado, pero la mayoría de las veces son un proceso que se desarrolla a lo largo del tiempo y, en cierto modo, un viaje. Espero que el lector emprenda en este libro un viaje de crecimiento espiritual que refleje el viaje de Juana hacia Dios y la eternidad, y como con mis otros libros, espero que haga uso de las últimas páginas reservadas para notas y reflexiones personales. Sobre todo, espero que ambas transformaciones —(1) en nuestra comprensión y valoración de Juana, y (2) en el aumento en virtud que supone responder a la llamada a la santidad— se produzcan también en todos mis lectores.

~

Una nota final: me gustaría recordarle al lector que este libro no es una biografía propiamente dicha, sino un relato biográfico basado en una investigación limitada, que pretende seguir a *Reflexiones de un monje poco común* e incorporar algunas de las ideas y conceptos de ese libro. *La misión de la Doncella* el segundo libro de una serie, toda ella basada en *Reflexiones de un monje poco común*: todos los libros de la serie son historias de hombres en cuyas vidas se demuestran los aspectos esenciales del heroísmo y la santidad cristiana. El objetivo principal de *La misión de la Doncella* es ofrecer un relato biográfico de la vida de Juana en su contexto histórico y contar su historia en el contexto de esta serie.

Fechas importantes
1302 a 1920

1302   El papa Bonifacio publica *Unam Sanctum*
        Batalla de Bafea

1303   Batalla de Courtrai

1309   Inicio del papado de Aviñón (1309-1377)

1312   Concilio de Vienne (1312-1314)

1322   Carlos IV, rey de Francia (r. 1322-1328)

1328   Felipe VI de Valois, rey de Francia (r. 1328-1350)
        Es elegido frente a Eduardo III de Inglaterra

1329   Eduardo III rinde homenaje a Felipe VI por Aquitania

1335   Construcción del primer palacio papal en Aviñón

1337   Inicio de la Guerra de los Cien Años

1338   Los turcos otomanos llegan al Bósforo

1340   Batalla de La Esclusa

1346   Batalla de Crécy
        Los ingleses toman Calais

1347   Primer brote de peste bubónica en Europa

1350   Juan II, rey de Francia (r. 1350-1364)

| 1415 | Batalla de Azincourt |
| | Ejecución de Jan Hus |

| 1419 | Inicio de las guerras husitas (1419-1436) |

| 1416 | Juan el Temerario, duque de Borgoña, reconoce a Enrique V como rey de Francia |

| 1418 | Los borgoñones capturan París |

| 1419 | Asesinato de Juan el Temerario, duque de Borgoña |

1420	Mayo: Tratado de Troyes
	Agosto: muerte de Enrique V de Inglaterra
	Octubre: muerte de Carlos VI de Francia
	Enrique VI, rey de Inglaterra (r. 1422-1461, 1470-1471)
	Carlos VII, rey de Francia (r. 1422-1461)

| 1424 | Batalla de Verneuil |

| 1428 | Sitio de Orleans |
| | Juana viaja a Vaucouleurs |

1429	Febrero: Juana viaja a Chinon
	Mayo: se levanta el sitio de Orleans
	Junio: batalla de Patay
	Julio: coronación de Carlos VII
	Septiembre: fracasa el asedio francés a París

| 1430 | Mayo: los borgoñones capturan a Juana en Compiègne |

| 1431 | Enero: comienza el juicio de Juana en Ruan |
| | Mayo: Juana es ejecutada |

Primera parte

Contexto histórico

¡Mis entrañas, mis entrañas! ¡Me retuerzo de dolor! ¡Las fibras de mi corazón! ¡Mi corazón se conmueve dentro de mí, no puedo callarme! Porque oigo el sonido de la trompeta, el clamor del combate.

Se anuncia un desastre tras otros, porque está devastado todo el país: mis carpas fueron devastadas de repente, mis pabellones, en un instante.

Jeremías 4:19-20

1

Carlos, Delfín de Francia (1428)

A Carlos VII y a la mayoría de sus contemporáneos les parecía en 1428 que los famosos cuatro jinetes del Apocalipsis —la guerra, la hambruna, la conquista y la muerte— habían barrido Europa durante más de un siglo y estaban ahora frente a las murallas de Orleans, con el ejército inglés asediando una de las principales ciudades en Francia. En 1425, el famoso y temido duque de Bedford, hermano menor del difunto rey Enrique V de Inglaterra y regente de Francia en nombre de su hijo, el rey niño Enrique VI (1421-1471), regresó a su tierra natal para resolver una disputa interna entre sus compatriotas. Sin embargo, su ausencia no supuso ninguna ventaja para Carlos. En marzo de 1427, Bedford estaba de vuelta en Francia con un plan para poner fin a un largo y prolongado conflicto entre Inglaterra y Francia que había comenzado en 1337. Si podía hacerse con el control de Orleans, junto al río Loira, para utilizarla como base de operaciones, él y sus aliados borgoñones podrían destruir la oposición de los partidarios del Delfín y acabar con las aspiraciones de Carlos de ser coronado rey de Francia, lo que aseguraría el trono de Francia para el joven Enrique VI de Inglaterra.

Que Orleans siguiera siendo leal a la causa del Delfín era crucial para Carlos. Las tropas de asedio, bajo el mando del conde de Salisbury, eran pocas —sólo unos cuatro mil hombres— pero la amenaza era existencial y potencialmente catastrófica. Carlos pensó en refugiarse en Escocia, pero en la campiña francesa circulaba la profecía de una doncella enviada por Dios que cambiaría el curso de la guerra en favor de los leales al Delfín. También llegaban noticias desde la ciudad de Vaucouleurs de una joven que afirmaba tener la misión divina de coronar rey al Delfín y expulsar definitivamente a los ingleses de Francia. Tal vez Carlos se preguntaba si Dios podría finalmente expulsar a los ingleses de su reino junto con los cuatro jinetes a través de esta joven doncella y restaurar una vez más la paz en una tierra que había conocido un sufrimiento incesante durante el siglo anterior.

2

Un siglo de sufrimiento
La Gran Hambruna (1315 a 1322)

Era como si Europa se estuviera preparando para un desastre. La convergencia de una serie de factores propicios en toda Europa desde el siglo X hasta el XIII condujo a la estabilidad política, la mejora de la producción agrícola y el crecimiento demográfico. El sistema feudal había madurado a lo largo de los quinientos años desde la disolución del Imperio Romano, y ahora era capaz de proporcionar una forma estable de gobierno y estructura social. La Iglesia también se había desarrollado como institución y el clero había adquirido prominencia, proporcionando un brazo espiritual de gobierno que complementaba al brazo secular de la realeza y la nobleza. La producción agrícola aumentó a medida que el clima en Europa se hacía más cálido y caían abundantes lluvias. Se talaron bosques y se drenaron pantanos para hacerlos útiles para la agricultura.

El mayor suministro de alimentos, junto con la estabilidad política y económica, contribuyó a impulsar una explosión demográfica que se prolongó hasta el siglo XIV. La población europea se duplicó entre 1000 y 1300. Los pueblos crecieron, el comercio aumentó y las ciudades se hicieron más grandes y prósperas. El número de mercaderes aumentó junto con su riqueza, y los artesanos formaron gremios y exigieron representación en el gobierno local. Se fundaron escuelas y universidades, que adquirieron prestigio e importancia, y los eruditos islámicos en España facilitaron el acceso a textos en árabe y griego clásico. La guerra siguió y hubo escasez de alimentos y otras penurias, pero entre los siglos X y XIV la sociedad medieval disfrutó de crecimiento, riqueza, estabilidad política y económica y un aumento en el nivel de vida.

Y entonces el clima cambió.

Los europeos empezaron a notar un clima más frío y más lluvias a principios del siglo XIV. La primavera de 1315 fue excepcionalmente húmeda, lo que provocó que los campos quedaran sin arar. En los campos arados, las fuertes lluvias ahogaron las semillas plantadas y pudrieron los brotes germinados, causando una drástica disminución en el suministro de alimentos. Los animales sufrieron junto con sus amos y los rebaños se mermaron debido al hambre y las enfermedades. La gente se alimentó mediante la caza y el forrajeo, comiéndose su ganado y consumiendo las semillas para el año siguiente. Las lluvias continuaron durante 1316 y disminuyeron un poco en el verano de 1317, pero algunas partes de Europa se habían inundado, especialmente en regiones costeras, lo que provocó que poblaciones desplazadas vagaran por el campo y hacia las ciudades en busca de comida y trabajo. Los inviernos siguieron siendo inusualmente fríos durante al menos otra década y el mar Báltico se heló al menos dos veces. Partes del Mar del Norte también se helaron.

En 1325, el suministro de alimentos había vuelto a niveles adecuados, pero la que pasó a conocerse con la Gran Hambruna, tuvo un impacto de décadas en la sociedad, y sus efectos sólo empeoraron con la guerra. Los que no murieron de hambre en 1325 sufrían de malnutrición y un sistema inmunitario debilitado. Esto les hizo vulnerables a las enfermedades, lo cual tendría consecuencias nefastas cuando la peste bubónica asoló Europa en 1347.

Londres

INGLATERRA

Canal de la Mancha

SACRO
IMPERIO
ROMANO

FLANDES

Calais

Ruan

NORMANDÍA

Río Sena

Reims

BRETAÑA

ANJOU

París

Río Loira

Orleans

Troyes

POITOU

Nevers

BORGOÑA

1328

AQUITANIA

DELFINADO

Burdeos

Río Garona

GUYENA

ARMAGNAC

GASCUÑA

Toulouse

Aviñón

LANGUEDOC

NAVARRA

Mar
Mediterráneo

ARAGÓN

3

Un siglo de sufrimiento
La Guerra de los Cien Años (1337 a 1347)

Cuando el duque Guillermo de Normandía reclamó la corona de Inglaterra a la muerte del último rey anglosajón, Eduardo el Confesor, y luego derrotó a su rival anglosajón, Harold Godwinson, en la batalla de Hastings el 14 de octubre de 1066, se estableció una complicada relación entre los reyes de Inglaterra y Francia. El rey de Inglaterra se convirtió en vasallo del rey de Francia en virtud de los feudos que poseía en Francia, lo que dio lugar a una incómoda entente que duró casi doscientos años. La tensión entre los monarcas alcanzó su punto álgido cuando Enrique Plantagenet, vasallo del rey de Francia como duque de Normandía, conde de Anjou y duque de Aquitania, se subió al trono de Inglaterra en 1154 como Enrique II. El hecho de que Enrique se hubiera casado con la esposa anterior del rey de Francia, la recién divorciada Leonor, para hacerse con el ducado de Aquitania, no ayudó.

Una pugna prolongada durante los cien años siguientes culminó en 1259 con el Tratado de París. Para entonces el rey

Enrique III de Inglaterra había perdido gran parte de las tierras que antes poseían sus predecesores. Sin embargo, sus sucesores en el trono continuaron la disputa, que se apaciguó un poco con el Tratado de Amiens en 1279 y el Tratado de París en 1286. Pero el dominio del ducado de Guyena siguió siendo fuente de tensiones y, en ocasiones, de abierta hostilidad. Felipe IV el Hermoso de Francia (r. 1285-1314) se hizo con la mayor parte de Guyena entre 1294 y 1297, y el ducado fue invadido de nuevo por Carlos de Valois en 1324 y 1325.

Eduardo II de Inglaterra respondió nombrando a su hijo de trece años, Eduardo, duque de Guyena en 1325, pero después de que el rey fuera depuesto y asesinado por su esposa Isabel y su amante Mortimer en 1327, el joven Eduardo se convirtió en rey. Tenía quince años cuando ascendió al trono, pero eran la reina Isabel y Roger de Mortimer, conde de la Marca, quienes manejaban el poder tras el trono. Esta situación duró hasta 1330, cuando Eduardo III, que ya tenía dieciocho años y sufría bajo el control de la reina madre y su amante, se declaró dispuesto a gobernar por derecho propio. Eduardo hizo ahorcar a Mortimer y recluyó a su madre en un castillo.

Dos años antes, en 1328, el último rey Capeto de Francia, Carlos IV, había muerto sin heredero varón. Su esposa Juana estaba embarazada en el momento de su muerte, pero tuvo una hija, lo que puso fin al linaje de los Capeto. Eduardo III, que entonces tenía dieciséis años, era sobrino de Carlos e hijo de su hermana Isabel, hija del rey Felipe IV. Eduardo, o más exactamente Isabel, Mortimer y sus consejeros, utilizaron este hecho para justificar su derecho al trono de Francia para Eduardo. Sin embargo, esto era totalmente inaceptable para los barones franceses, y en lugar de Eduardo eligieron al primo de Carlos, Felipe, duque de Valois (Felipe VI, r. 1328-1350), que actuó como regente hasta que Juana dio a luz. En aquella época no había normas específicas sobre la sucesión al trono de Francia por la línea femenina, pero los nobles franceses no toleraban ser gobernados por la reina Isabel y su amante Mortimer, ni deseaban ser gobernados por un rey extranjero. Felipe, de treinta y cinco años, era veinte años mayor que Eduardo y un miembro de la nobleza de Francia. Su ascensión al trono inició una línea de trece reyes de la dinastía Valois, que perduró hasta 1589.

Eduardo III, que era todavía un adolescente bajo el control de Isabel y Mortimer en 1328, se vio obligado a rendir homenaje por Guyena en una ceremonia en Amiens en 1329. Una vez que Eduardo se hizo con el poder en 1330, tras lidiar con los disturbios civiles de los seguidores de Mortimer, marchó sobre la ciudad de Berwick en Escocia y derrotó al ejército escocés en la colina de Halidon en 1334. Entre sus tropas había filas de arqueros —soldados rasos— que luchaban junto a caballeros entrenados profesionalmente. Los arqueros de Eduardo portaban un arma revolucionaria, el arco largo, que ayudaría a los ingleses a ganar asombrosas victorias sobre los franceses durante los cien años siguientes e inclinar la balanza de poder a su favor. Los galeses los utilizaban al servicio de Eduardo I, que los desarrolló para su uso en las Tierras Altas de Escocia.

El arco largo fue un desarrollo revolucionario en la historia de las armas, del orden del carro egipcio, la *sarissa* griega, el *gladius* romano, el estribo y el cañón. Se necesitaban años para entrenar a un arquero, pero un arquero experto podía disparar de seis a doce flechas por minuto. Tenía un alcance de doscientos a trescientos metros y podía atravesar armaduras, lo que daba ventaja a los soldados a pie. El arco largo era especialmente eficaz contra la caballería, ya que las andanadas de flechas caían sobre los lomos de los caballos, matándolos, incapacitándolos o sembrando el pánico.

Los franceses no utilizaban arcos largos sino ballestas, que sólo lanzaban dos virotes por minuto. La batalla de la colina de Halidon fue un anticipo de las batallas que se librarían en Francia durante la Guerra de los Cien Años, en las que el arco largo desempeñó un papel decisivo en las aplastantes victorias inglesas.

En torno a 1325 se utilizó por primera vez la pólvora en la batalla, pero los primeros modelos de cañones eran poco fiables, peligrosos de usar y, en general, ineficaces contra sus objetivos. La tecnología del cañón tardó otros cien años en desarrollarse, pero una vez que los cañones se volvieron eficaces contra los muros de piedra, las fortificaciones amuralladas que rodeaban las ciudades y los castillos acabaron quedando obsoletos. En 1375, los franceses emplearon cuarenta cañones mientras asediaban una fortaleza en la costa de Normandía. Sus cañones no pudieron derribar las fortificaciones, pero el bombardeo acabó obligando a la guarnición inglesa a rendirse. En la batalla de Castillon, las fuerzas francesas utilizaron por primera vez la artillería de campaña en 1453 contra los ingleses, con un efecto devastador.[2] Ese mismo año, las murallas de Constantinopla, hasta entonces inexpugnables, fueron finalmente derribadas por los turcos otomanos con la ayuda de uno de los cañones más grandes jamás creados. Si no hubiera sido por el desarrollo de cañones superiores, la ciudad aún podría llevar el nombre de su fundador y sus habitantes seguirían hablando principalmente griego.

En 1336, Felipe navegó con la flota francesa hacia el Canal de la Mancha y amenazó con invadir. En 1337, arrebató el ducado de Guyena a Eduardo, quien respondió afirmando su derecho al trono de Francia en una carta que mandó a Felipe el 7 de octubre de 1337. Así comenzó una guerra de batallas intermitentes entre Inglaterra y Francia que duraría más de un siglo.

Aunque los historiadores datan por convención el inicio de la Guerra de los Cien Años en 1337, los orígenes de este conflicto se remontan a la batalla de Hastings en 1066. La primera fase de lo que se convirtió en una pugna de 116 años duró todo el reinado de Eduardo III hasta su muerte en 1377, cuando Inglaterra poseía muy pocos territorios en Francia pese a los esfuerzos militares y diplomáticos de Eduardo.

Esta primera fase comenzó con batallas navales y los esfuerzos de Eduardo por conseguir aliados en Europa. Inicialmente buscó una alianza con Flandes, pero Luis I, conde de

---

[2] Castillon marcó el final de la Guerra de los Cien Años.

Nevers, era vasallo de Felipe VI de Francia y no quiso traicionar a su señor. Eduardo se dirigió entonces a Jacob van Artevelde, un rico cervecero de Gante, con quien estableció una alianza en 1340. Eduardo impuso entonces un embargo sobre la lana inglesa a las ciudades de Flandes, lo que causó muchos trastornos a la economía flamenca, ya que la industria textil de Flandes dependía en gran medida de ella. Bajo el liderazgo de Artevelde, los mercaderes se rebelaron contra Luis en 1340 y reconocieron el derecho al trono de Francia de Eduardo. Ese mismo año, Eduardo asumió formalmente el título de rey de Francia.

Eduardo había gastado gran parte de los recursos de Inglaterra en su lucha contra Felipe, y se vio obligado a empeñar su corona y dejar a su esposa e hijos en Gante como garantía de un préstamo que utilizó para financiar su siguiente campaña militar en Francia. Intentó atraer a Felipe a la batalla enviando un ejército inglés apoyado por aliados flamencos, que se abrió camino de Flandes hacia Francia quemando, saqueando y matando a civiles franceses. Felipe, que era respetado como guerrero en su época, envió un ejército francés al norte para enfrentarse a Eduardo. Pero, tras aceptar entrar batalla en un primer momento, Felipe luego se negó y retiró sus fuerzas. Eduardo estaba perdiendo tiempo y dinero buscando una victoria decisiva y sus aliados flamencos empezaban a vacilar. Regresó a Inglaterra y pidió al Parlamento que recaudara nuevos impuestos. El Parlamento tenía dudas, pero lo hizo con algunos ajustes, debido a la amenaza de invasión que suponía la flota francesa estacionada en el puerto de La Esclusa, a la que ahora se unían barcos castellanos y genoveses.[3] Eduardo dirigió entonces sus esfuerzos hacia un enfrentamiento naval.

Con el rey personalmente al mando, una pequeña flota de cocas inglesas cargadas de arqueros y soldados partió el 22 de junio de 1340. Al día siguiente, navegaron directamente hacia la gran armada francesa en el puerto de La Esclusa y la derrotaron. Los arqueros ingleses demostraron ser tan eficaces en el mar como en tierra, pero, aunque la batalla de La Esclusa fue una gloriosa victoria para Inglaterra, tuvo escasos efectos estratégicos. Eduardo seguía abrumado por las deudas, ya que muchos de sus súbditos se negaban a pagar el impuesto requerido por el Parlamento. Además, no podía seguir su victoria naval en La Esclusa con una en tierra, ya que Felipe sagazmente optó por no dar batalla cuando Eduardo volvió a Francia al frente de un ejército. Como sus aliados empezaban a retirarse y no podía forzar un encuentro decisivo, Eduardo aceptó a regañadientes la Tregua de Espléchin en 1340, que no vio más que como un respiro mientras reunía recursos para un futuro intento de conquistar el trono de Francia.

Los problemas financieros de Eduardo se extendieron a otros aspectos de la economía europea con resultados desastrosos. Los ingresos que esperaba obtener del impuesto sobre la lana fueron insuficientes, lo que le obligó a dejar de pagar algunos de sus préstamos. Esto tuvo un efecto devastador en las bancas Bardi y

---

[3] Una de las consecuencias imprevistas de estos acontecimientos fue que aumentó el poder del Parlamento para controlar los impuestos.

Peruzzi de Florencia, que quebraron y arruinaron la economía florentina. Si Eduardo hubiera cargado con todo el coste de la guerra, esto habría acabado con sus esperanzas de acceder al trono de Francia y frustrado de entrada las ambiciones territoriales de los futuros reyes ingleses en Francia. Pero la codicia de Eduardo por la tierra y la realeza no estaba saciada, y sin dejarse intimidar ni arruinar, planeó su siguiente movimiento contra Felipe.

Con nuevos subsidios votados por el Parlamento en 1345, Eduardo reunió otro ejército y una armada y desembarcó a quince mil hombres, incluidos cuatro mil arqueros, en julio de 1346. Entre sus tropas estaba su hijo de quince años, Eduardo de Woodstock, príncipe de Gales, más conocido en la historia como el Príncipe Negro. El ejército de Eduardo saqueó la campiña normanda, arrasando e incendiando pueblo tras pueblo, rapiñando botín y tomando rehenes para pedir rescate.

Felipe había enviado previamente un ejército bajo el mando de su hijo, Juan de Normandía, a Guyena para hacer frente al primo de Eduardo, Enrique, duque de Lancaster. Juan estaba sitiando la ciudad de Aiguillon cuando Eduardo invadió Normandía, por lo que Felipe reunió otro ejército y marchó para enfrentarse a Eduardo. Eduardo estaba intentando eludir a Felipe y unir fuerzas con sus aliados flamencos cuando Felipe alcanzó a los ingleses en Crécy, cerca del río Somme, el 25 de agosto. Ambos ejércitos se prepararon para la batalla.

Eduardo tenía la ventaja de elegir el terreno, y eligió bien. Su ejército se situó en lo alto de una colina, con su flanco derecho protegido por un río y su retaguardia protegida por un bosque. El 26 de agosto, Felipe se vio instado a atacar por sus generales, en contra de su propio criterio. El rey se mostró reticente, pues sus tropas no estaban del todo preparadas, pero el exceso de confianza de la nobleza francesa en Crécy en 1346 fue un reflejo de su arrogancia en Poitiers en 1356 y en Azincourt en 1415. En todas estas ocasiones, némesis siguió a *hybris* —la caída siguió a la arrogancia. Los arqueros ingleses dispararon sus flechas sobre los caballeros franceses que estaban cargando colina arriba en formación. Los que lograron llegar a la cima fueron recibidos por soldados ingleses relativamente frescos que los despacharon por docenas. Al final del día, los ingleses habían perdido menos de cien hombres, mientras que los cuerpos de miles de caballeros y nobles franceses quedaron desperdigados por el campo de batalla.

La victoria fue total y las consecuencias devastadoras, aunque Crécy no fuera estratégicamente decisiva. La confianza en el rey francés disminuyó y la estima por la nobleza, considerada en otro tiempo como una casta guerrera de élite, se desvaneció tras ser diezmada por soldados rasos. Recaudar impuestos se hizo más difícil, y estas actitudes cambiantes hacia la realeza y la nobleza sólo se vieron reforzadas por el brote de peste en 1347.

La batalla de Crécy cimentó la posición de los arqueros en la historia de la guerra. Sin embargo, a pesar de su gran victoria, Eduardo no persiguió a su derrotado oponente ni marchó sobre París. Sus tropas necesitaban descansar, así que marchó sobre Calais y la sitió durante casi un año antes de que finalmente cayera debido a la falta de provisiones en agosto de 1347. Felipe envió un ejército para defender la ciudad, pero era el turno de Eduardo de negarse a entrar en batalla, y Felipe no tuvo más remedio que marchar con su ejército de vuelta a casa.

Aunque el asedio recompensó a Eduardo con una ciudad amurallada como punto de apoyo en Europa, fue costoso en términos de mano de obra, dinero y provisiones. Ambos reyes carecían ahora de fondos para continuar la guerra de forma activa, y en cualquier caso la peste negra la hizo imposible. Es notable que, tras haber ganado una gran victoria naval y una batalla terrestre igualmente impresionante en esta fase de la guerra, Eduardo no consiguiera ninguna ventaja estratégica importante, salvo la posesión del puerto amurallado de Calais.

4

Un siglo de sufrimiento
La peste negra (1347 a 1351)

La peste bubónica, que se originó en algún lugar de Asia, llegó a la ciudad comercial genovesa de Kaffa (la actual Feodosia), en Crimea, con un ejército mongol bajo el mando del Khan Jani Beg. Los mongoles estaban sitiando Kaffa, pero tuvieron que levantar el asedio debido a un brote de peste en sus filas. El ejército mongol se trasladó del Mar Negro a Rusia y la India, llevando consigo la peste, pero antes de abandonar Kaffa, catapultaron cadáveres infectados dentro de la ciudad e infectaron a su población. Cuando las galeras genovesas partieron de Kaffa, los mercaderes llevaron la peste a Constantinopla y a los puertos mediterráneos de Sicilia e Italia. Desde allí se extendió por toda Europa en cuatro años, en los que mató a una tercera parte de la población (entre veinte y veinticinco millones en Europa y otros tantos en Asia y África) entre 1347 y 1351, cuando remitió definitivamente en los países escandinavos. Hubo otros brotes en 1361-63 (que mató a alrededor un diez por ciento de la población europea), 1369-71, 1374-75, 1390 y 1400.

Aunque en aquella época muchos creían que la peste había sido enviada por Dios como castigo por los pecados, ahora se sabe que la bacteria *Yersinia pestis* infectaba a las pulgas, que transmitían la peste a las ratas. Cuando la rata anfitriona moría, las pulgas migraban a otras ratas. La picadura de una pulga o el mordisco de una rata bastaba para transmitir la enfermedad a los humanos y otros animales, aunque los bacilos también podían transmitirse de humano a humano mediante infección neumónica (es decir, con la tos o con un estornudo). Una vez infectadas, la mayoría de las víctimas no vivían mucho tiempo —entre unas horas y unos pocos días—, aunque quizá un diez por ciento de los infectados conseguía sobrevivir. La peste causaba la mayor parte de sus estragos en un mismo lugar en el plazo de un año, y normalmente mataba a una tercera parte de los habitantes. Algunas ciudades y aldeas fueron arrasadas por completo, pero las que no mantenían relaciones comerciales intensas con otras comunidades quedaron relativamente indemnes.

La peste negra[4] causó cambios drásticos y duraderos en la sociedad europea. En la Edad Media, la gente era muy religiosa, pero muchos perdieron la confianza en la Iglesia porque parecía totalmente impotente para detener la marea de contagio y muerte. Algunos sacerdotes abandonaban a sus feligreses moribundos y a sus familias por miedo al contagio, mientras que comunidades enteras de monasterios y conventos desaparecieron, y sus oraciones

---

[4] En la Edad Media este término no se usaba, sino que la enfermedad se denominaba "la pestilencia".

resultaron ineficaces para salvar incluso sus propias vidas. El papa Clemente VI anunció un año santo en 1350 e invitó a los peregrinos a Roma como forma de aplacar la ira de Dios. Sin embargo, la peste arrasó a los asistentes, haciendo que el papa pareciera débil e inepto. Las oraciones, sacrificios, bendiciones, procesiones, flagelaciones y largas vigilias parecían no surtir efecto para persuadir a Dios de que aliviara el sufrimiento y la pérdida de vidas. La superstición aumentó y los fieles cristianos, dudando de la eficacia de la oración a los santos, recurrieron a remedios populares y amuletos. El poder espiritual de la Iglesia, antes fuente de esperanza y fortaleza, parecía ahora una ilusión. Este cambio de actitud hacia la Iglesia y la religión perduraría mucho después del brote de la peste.

En segundo lugar, el auge de la mortandad aumentó el valor del trabajo de los que sobrevivieron. Antes de la Gran Hambruna de 1315-1322, la población de Europa había crecido constantemente durante los últimos tres siglos, proporcionando abundante mano de obra y manteniendo al mismo tiempo los salarios bajos. En la década de 1350, el mercado laboral se vio radicalmente alterado, ya que la demanda de productos agrícolas disminuyó al reducirse la población y el valor laboral de los artesanos aumentó. Los siervos abandonaban a sus señores para encontrar trabajo en la relativa libertad de los pueblos y aldeas, y el valor de la tierra disminuyó al volverse menos productiva debido al descenso de la mano de obra agrícola. Los nobles utilizaron su poder político para aprobar leyes que restringían el movimiento de los siervos y congelaban los salarios al nivel anterior a la peste. Esto provocó un descontento generalizado que acabó desembocando en la Jacquerie (levantamiento campesino) en Francia en 1358 y la Revuelta de los Campesinos en Inglaterra en 1381.

En tercer lugar, las zonas más pobladas fueron las más afectadas por la peste, y muchos de los artesanos murieron. Fueron reemplazados por siervos que emigraban del campo, pero, aunque la demanda y los precios de los productos manufacturados y los artículos de lujo siguieron siendo elevados, la calidad del trabajo era inferior. Aun así, la riqueza fluyó hacia los pueblos y ciudades y se alejó de la aristocracia terrateniente, lo que hizo que las ciudades se volvieran más poderosas a expensas de la nobleza rural. Esto impulsó la aparición de una clase media y agravó el conflicto de clases entre nobles y trabajadores, y comerciantes y mercaderes.

En cuarto lugar, aunque la Iglesia perdió prestigio por su incapacidad para atajar la peste, se enriqueció gracias a las contribuciones de tierras y otros bienes que le legaban los fieles en sus testamentos. Sin embargo, una Iglesia más rica no es necesariamente una Iglesia más santa, y este aumento de la riqueza tendría futuras ramificaciones en las relaciones entre la Iglesia y los monarcas poderosos en Europa. Además, aunque la Iglesia se enriqueció, la peste fue más grave en comunidades densamente pobladas, lo que la hizo especialmente destructiva en monasterios y conventos, así como para los párrocos que permanecían con sus feligreses hasta que se infectaban y morían. La Iglesia no sólo había perdido el respeto de sus fieles, sino también a muchos de sus miembros, lo que la debilitaría en futuros conflictos con monarcas poderosos que también se beneficiaban del decreciente poder de la nobleza y del creciente poder de las ciudades. El aumento del poder de los reyes a expensas de los nobles y de la Iglesia supuso una menor fragmentación de la sociedad y una mayor centralización del poder, y finalmente condujo a la formación de los modernos Estados nacionales.

Los cambios políticos y sociales provocados por la peste negra hicieron que marcara un giro decisivo en la historia europea. Pocas veces ocurren acontecimientos que cambien el mundo casi de la noche a la mañana, pero la peste negra fue uno de ellos, y más que ninguna otra causa provocó el fin del periodo medieval.

También coincidió con el inicio de lo que hoy llamamos Renacimiento. Los historiadores distinguen entre el Renacimiento meridional o italiano, que comenzó hacia mediados del siglo XIV, y el Renacimiento septentrional o alemán, que tuvo lugar aproximadamente un siglo después. El humanismo y otras ideas renacentistas acerca de la religión, el gobierno, la economía y la conciencia nacional actuaron en sinergia con el fenómeno natural de la peste y sus secuelas para desafiar las ideas feudales e impulsaron la transición del mundo medieval al moderno.

5

Un siglo de sufrimiento
La Guerra de los Cien Años (1355 a 1413)

Europa tardó muchos años en recuperarse de la peste negra, pero las aspiraciones de Eduardo III al trono francés, o al menos a detentar el poder soberano sobre gran parte de Francia, no se verían frustradas ni siquiera por una de las catástrofes más devastadoras en Europa. Felipe VI murió en 1350. El sucesor fue su hijo, el duque de Normandía, coronado como Juan II. Juan provocó malestar entre la nobleza casi de inmediato al ejecutar a un noble popular, el conde de Eu, que acababa de regresar de su cautiverio en Inglaterra, y reemplazarlo como Condestable de Francia por su estrecho colaborador, Carlos de España. A continuación, intentó resolver sus problemas fiscales depreciando la moneda de bajo valor utilizada en las transacciones diarias, lo que tuvo más consecuencias económicas negativas para el ciudadano medio que para los ricos. Juan también concedió a su nuevo condestable el condado de Angulema, que formaba parte del territorio de Carlos de Navarra. En compensación por la pérdida, Juan ofreció a Carlos matrimonio con su hija de ocho años, pero luego retuvo la dote. En venganza, Carlos el Malo hizo asesinar a Carlos de España.

Además de Navarra, Carlos poseía feudos en Normandía y el centro de Francia, lo que lo convertía en un poderoso aliado, y el asesinato de Carlos de España atrajo hacia él a otros nobles descontentos. Para aumentar la presión sobre Juan II y proteger y ampliar sus posesiones territoriales, Carlos inició negociaciones con Eduardo con vistas a una alianza. Eduardo, sin embargo, no podía permitirse más operaciones militares y se enfrentaba a la oposición tanto del Parlamento como de los plebeyos, cansados de apoyar una guerra que ni era rentable ni tenía visos de acabar. Juan II también se vio limitado por la falta fondos y por la posible deslealtad de Carlos de Navarra, y se vio obligado a comerse el orgullo y reconciliarse públicamente con él en 1354. Eduardo y Juan iniciaron negociaciones de paz con la mediación del papa, pero éstas acabaron en fracaso porque el tratado propuesto era demasiado favorable a los ingleses.

Carlos volvió a plantear a Eduardo una alianza y luego se lo negó enérgicamente al papa. Eduardo volvió a declarar ante el Parlamento y el pueblo inglés que los franceses le habían agraviado y consiguió reunir dinero suficiente para otra expedición al continente. La tregua que estaba en vigor expiró, y en 1355 los ingleses trasladaron dos ejércitos a Francia. Bajo el mando del primero iba el hijo del rey, Eduardo, príncipe de Gales y recién nombrado duque de Guyena, y bajo el mando del otro Enrique, duque de Lancaster. El ejército del príncipe se abrió camino arrasando de Burdeos hasta Narbona y de vuelta, una campaña que sólo podía describirse como una versión medieval del terrorismo, destinada a quebrantar la voluntad del pueblo francés, destruir recursos que pudieran utilizarse para hacer la guerra y crear una oposición a Juan II que le forzara a llegar a un acuerdo de paz favorable a los ingleses. El ejército bajo el mando de Lancaster se reunió con el ejército de Juan cerca de Amiens, pero entraron en batalla.

De nuevo en 1356, los ingleses tomaron el campo con dos ejércitos, pero Juan quemó los puentes que cruzaban el río Loira para impedir que unieran sus fuerzas. Dirigió un ejército hacia Lancaster y lo repelió, y luego se volvió hacia el sur para enfrentarse a Eduardo, alcanzándolo finalmente cerca de Poitiers. Juan no era conocido en su época como un estratega hábil, pero su ejército era mayor que el de Eduardo. El papa envió un representante para mediar entre ambos bandos y se declaró una tregua de un día (el domingo), lo que dio tiempo a los ingleses a mejorar su posición defensiva. Eduardo ofreció hacer considerables concesiones, pero las negociaciones se rompieron cuando le dijeron que tendría que entregarse como prisionero. Ambos bandos se prepararon para la batalla del día siguiente.

El alto mando francés estaba dividido entre sitiar a los ingleses o forzar una batalla campal. En contra del consejo de algunos de sus consejeros, Juan se obcecó en entrar batalla. Rodear a los ingleses y esperar a que se rindieran por hambre habría sido más prudente desde el punto de vista estratégico, pero librar batalla era más honorable para la mente medieval que la guerra de asedio. El lunes 19 de septiembre, los dos ejércitos se enzarzaron en una lucha que duró todo el día, que se asemejó a la batalla de Crécy y terminó con una derrota francesa igualmente aplastante. Para mayor desgracia francesa, Juan II fue capturado y se convirtió en prisionero del rey de Inglaterra.

El núcleo de Francia se tambaleó. El resentimiento popular hacia la realeza y la nobleza por parte de los plebeyos tras Poitiers superó el resentimiento tras Crécy. Muchos grandes nobles fueron hechos prisioneros junto con el rey, retenidos como rehenes hasta el pago de un rescate que en gran parte sería pagado con el trabajo de los campesinos. El gobierno central, dirigido ahora por el Delfín de dieciocho años, era un caos, y los ingleses estaban en una posición muy fuerte para negociar. Se acordó una tregua de dos años, durante la cual tendrían lugar las negociaciones. Bandas mercenarias de soldados sin empleo de diversas partes de Europa, llamadas Compañías Libres,[5] permanecieron en Francia, errando por los campos, saqueando, destruyendo y sembrando el caos y la desgracia. Para empeorar las cosas, Carlos de Navarra, que había sido encarcelado por Juan en 1356, escapó en septiembre de 1357 y comenzó a conspirar contra el Delfín Carlos para ser rey.

En mayo de 1358, bajo el peso de los muchos impuestos y debido al intenso sufrimiento que les infligían las Compañías Libres, los campesinos franceses, desesperados, se rebelaron. Algunos cometieron atrocidades aún peores que las de las

---

[5] *Écorcheurs*, bandidos, saqueadores, "desolladores".

Compañías Libres. Sin embargo, la revuelta de la Jacquerie fue pronto aplastada por la nobleza, y Carlos el Malo, que había ayudado a reprimir el levantamiento, volvió a conspirar con el rey de Inglaterra mientras proseguían las negociaciones con Juan II y el gobierno francés. Se propuso un tratado, pero Eduardo era demasiado codicioso para aceptarlo. Realizó otra propuesta en marzo de 1359, pero fue rechazada por los Estados Generales franceses, y Eduardo utilizó esto como pretexto para invadir Francia de nuevo. Se alió con Carlos de Navarra, pero cuando Carlos supo que Eduardo quería ser coronado como rey de Francia, cambió de bando e hizo las paces con el Delfín en agosto de 1359.

Eduardo desembarcó en Calais y marchó hacia el sur, tratando de forzar al Delfín y su ejército a librar batalla a campo abierto, pero el Delfín se negó. La campaña terminó en 1360 con el Tratado de Brétigny, en el que Eduardo renunciaba a su pretensión al trono francés a cambio de tener plena soberanía sobre posesiones territoriales muy ampliadas. El rescate de Juan se fijó en tres millones de coronas de oro y se le permitió regresar a Francia. Sin embargo, los términos del tratado nunca se cumplieron, por lo que Juan regresó voluntariamente a Inglaterra en 1364 y murió poco después a la edad de cuarenta y cinco años. El Delfín fue coronado como Carlos V. Se opuso al Tratado de Brétigny, lo que significaba que el conflicto entre Inglaterra y Francia continuaría. Carlos no era un guerrero, y concentró sus esfuerzos en la diplomacia, dejando las decisiones militares a sus generales.

En 1368, los señores de Guyena, que durante mucho tiempo habían sido leales al rey de Inglaterra, se quejaron ante el rey Eduardo y el rey Carlos por los elevados impuestos que el Príncipe Negro había impuesto en sus feudos. Carlos aceptó sus peticiones y se preparó para la guerra. Eduardo lo consideró una violación del tratado y se reanudaron las hostilidades. En 1370, los franceses ya habían aumentado sus fuerzas y fueron capaces de ganar importantes batallas en el norte de Francia bajo su nuevo condestable, Bertrand du Guesclin, y una flota franco-castellana derrotó a la armada inglesa frente a La Rochelle en 1372. Pero los ejércitos ingleses seguían errando por los campos y, en un incidente particularmente cruel incluso bajo los estándares de la época, el Príncipe Negro masacró a tres mil civiles en Limoges en venganza por su deslealtad. Sin embargo, este fue su último acto de guerra, ya que contrajo disentería y se vio obligado a regresar a Inglaterra en 1372. Allí permaneció incapacitado hasta su muerte, el 8 de junio de 1376, un año antes de la muerte de su padre Eduardo, el 21 de junio de 1377.

El rey Carlos continuó haciendo progresos diplomáticos, y en 1374 había recuperado la mayor parte de los territorios tomados por Inglaterra desde el estallido de la Guerra de los Cien Años. El reino de Francia podría haber expulsado por completo a los ingleses del continente, pero los franceses estaban exhaustos, su rey no gozaba de buena salud y su tesorería estaba agotada. Los ingleses también estaban agotados. Eduardo se había vuelto alcohólico y su heredero, el Príncipe Negro, era un discapacitado. El siguiente en la línea de sucesión al trono era el joven hijo del príncipe, y tras la muerte de su padre y su abuelo en 1377, Ricardo II (r. 1377-1399) fue coronado rey a la edad de diez años. En 1380, Carlos V de Francia murió junto con su condestable y fue sucedido por su hijo de doce años, Carlos VI (r. 1380-1422).

Como los reyes de ambos países eran menores de edad, la tarea de gobernar recayó en sus mayores, que competían entre sí por alcanzar mayor poder. Se estableció un consejo dirigido por los duques de Borgoña, Berry y Anjou para ejercer la regencia de Carlos. Entre 1379 y 1383, Philip van Artevelde lideró revueltas en Flandes contra Luis de Mâle, conde de Flandes. Cuando Luis murió en 1384, Flandes y Artois pasaron a manos del tío de Carlos, Felipe el Temerario, duque de Borgoña. Esto tendría grandes consecuencias en el futuro, cuando la lucha por el poder entre los poderosos nobles franceses se tornaría mortífera y acabaría convirtiéndose en una guerra civil.

Durante los primeros años del reinado de Ricardo, Inglaterra sufrió la amenaza de invasiones e incursiones en su costa meridional por parte de barcos franceses y castellanos. En respuesta, el Parlamento autorizó más impuestos para recaudar fondos para crear medidas defensivas, lo que llevó a los campesinos ingleses a rebelarse en 1381, al igual que los campesinos franceses se habían rebelado en 1358. Sin embargo, la revuelta de los campesinos no fue precipitada únicamente por los elevados impuestos. La sociedad feudal estaba evolucionando tras la peste negra, y las ideas sobre la superioridad de clase en el sistema de castas medieval estaban siendo cuestionadas tanto en

Inglaterra como en Francia. Esta evolución se vio reforzada por el éxito de los soldados rasos contra los nobles en Crécy y Poitiers. La revuelta de los campesinos constituyó un serio desafío al *statu quo* en Inglaterra, pero fue sofocada tan de modo tan despiadado como lo había sido la Jacquerie en Francia, y sus líderes fueron severamente castigados. Aunque finalmente no tuvo éxito, la Revuelta de los Campesinos fue otro acontecimiento importante de mediados y finales del siglo XIV que marcó un periodo de transición en Europa, de una sociedad medieval a una sociedad moderna temprana.

Con el tiempo, Ricardo y Carlos llegaron a la mayoría de edad y trataron de gobernar sus respectivos reinos por su cuenta. Ricardo deseaba la paz y unas relaciones más estrechas con Francia. Como ambos reinos estaban ocupados con luchas internas y carecían de fondos para continuar la guerra, se firmó una tregua en Leulinghen en 1389 que suspendió las hostilidades hasta 1403.

La esposa de Ricardo murió en 1394, y, en su deseo de estrechar relaciones con Francia y su rey, Ricardo propuso desposar a la hija de Carlos, Isabel, a pesar de que él tenía treinta años y ella sólo seis. Su oferta fue aceptada, y Ricardo y Carlos acordaron también prorrogar la tregua de Leulinghen durante veintiocho años. Los dos reyes se reunieron en Calais en 1396 entre gran regocijo. Se intercambiaron juramentos de amistad y promesas de lealtad y la paz entre ambos reinos podría haber continuado de no ser por grandes nobles ingleses que se oponían a la política de Ricardo. Esto provocó que Ricardo se volviera autocrático y excesivamente duro, y encarceló y mató a algunos de los nobles. Cuando Ricardo salió en campaña contra los rebeldes irlandeses en 1399, Enrique Bolingbroke —así llamado por el castillo en el que había nacido— se hizo con el poder. Ricardo y Enrique eran primos, nacidos el mismo año, 1367, y habían pasado su infancia juntos en la corte, pero esto no impidió a Enrique deponer y encarcelar a Ricardo. Bolingbroke fue coronado rey en 1399 como Enrique IV, mientras que Ricardo murió por inanición en prisión en 1400.

~

Durante el periodo de la Guerra de los Cien Años, la población de Francia era tres veces mayor que la de Inglaterra, y disponía de mayores recursos. Si Francia hubiera estado unida bajo su rey y su nobleza no hubiera estado ocupada compitiendo por el poder, habría expulsado fácilmente a los ingleses. Pero Francia estaba dividida y acabaría cayendo en una guerra civil.

Los ataques de locura que torturarían a Carlos VI durante el resto de su vida comenzaron en 1392. Sus episodios de demencia dieron pie a la rivalidad entre la casa de Orleans, cuya cabeza era Luis, duque de Orleans, y la casa de Borgoña, encabezada por Felipe el Temerario. Ambos eran poderosos y ambiciosos tíos del rey, que trataron de llenar el vacío de poder creado por la incapacidad de Carlos. Felipe murió en 1404 y fue sucedido por su hijo, Juan el Temerario, como líder de la facción borgoñona. La influencia borgoñona en la corte francesa aumentó y se produjeron violentos enfrentamientos en las calles de París entre los partidarios de los borgoñones y los orleanistas. Juan intentó poner fin a la disputa haciendo asesinar a Luis en París el 23 de noviembre de 1407. Este acontecimiento marcó el inicio de la guerra civil francesa.

El asesinato de Luis creó un vacío de poder que llenó Bernardo de Armagnac, que actuó como regente de los tres hijos pequeños de Luis. La facción de los orleanistas pasó así a ser conocida como los armagnacs, y también como partidarios del Delfín por su apoyo a Carlos VII. Además, a este partido también se le conoce como los nacionalistas porque se resistían a los ingleses como invasores extranjeros y se oponían al partido anglo-borgoñón que favorecía al rey inglés.

Juan y los borgoñones estaban en auge en 1408, pero los armagnacs enviaron un ejército para bloquear París. Ambos bandos pidieron ayuda a Enrique, y el rey de Inglaterra respondió a la petición de Juan enviando 2.800 soldados a París para ayudar a poner fin al asedio. Una vez levantado el sitio, las tropas inglesas regresaron a Inglaterra, pero a petición de los armagnacs llegó otro ejército inglés que saqueó Francia a su paso. Juan el Temerario intentó imponer impuestos para repeler a los ingleses, pero esto sólo provocó una violenta resistencia y Juan se vio forzado a huir a Borgoña. Enrique murió en marzo de 1413 y le sucedió su hijo, Enrique V, que se convirtió en una de las figuras más importantes de la Guerra de los Cien Años y en uno de los reyes de Inglaterra más famosos.

6

Un siglo de sufrimiento
Los papas de Aviñón y el Cisma de Occidente

Ni el brazo secular ni el espiritual del gobierno escaparon a las penurias y la división durante el siglo XIV. La disputa entre Francia e Inglaterra por el control de los territorios franceses y el antagonismo que surgió en la sociedad medieval a medida que los plebeyos desilusionados conseguían una mayor independencia de sus señores tuvo su reflejo en la Iglesia bajo otra forma de división. En 1309, el papa Clemente V (r. 1305-1314) se trasladó de Roma a Aviñón, donde intentó gobernar la Iglesia y los Estados Pontificios. Esta situación duró hasta 1377 y costó muchas vidas y bienes. Para empeorar la situación, hubo dos y luego tres autoproclamados papas desde 1378 hasta 1415. El ingobernable pueblo de Roma y la interminable violencia en la política romana sirvieron de pretexto para la decisión de Clemente, pero el ímpetu para trasladar el papado a Aviñón y para el Cisma de Occidente venía de más lejos.

Los siglos XI y XII fueron testigos de una lucha de poder entre la Iglesia y el Estado en la que la Iglesia alcanzó cierto grado de supremacía. Durante el reinado de Inocencio III (r. 1198-1216), el papado se convirtió en una monarquía que ejercía un considerable poder secular. La Iglesia ya tenía extensas propiedades y contaba con su propio sistema judicial y legislativo, pero el papado se hizo con más poder durante el reinado de Inocencio y pasó a competir de forma más directa con los gobernantes seculares. Como consecuencia, se convirtió en víctima de su propio éxito, volviéndose el blanco de críticas en detrimento de la autoridad espiritual de la Iglesia. La situación se complicaba por el hecho de que el papado y las altas esferas de la jerarquía eclesiástica estaban cada vez más politizadas. Las elecciones papales eran objeto de interferencias y, en ocasiones, de coacciones violentas. Poderosas familias locales dominaban la escena política italiana, empleaban a las turbas para influir en las elecciones papales y manipulaban a los papas una vez en el cargo.

A finales del siglo XIII, la situación en Europa había cambiado. Los reyes de Inglaterra y Francia se habían hecho más fuertes e independientes de Roma y dudaban menos en hacer valer lo que consideraban su derecho a territorios, el poder y los impuestos. La teoría sobre los derechos de la autoridad espiritual en relación con la autoridad secular se cuestionó. Bonifacio VIII (r. 1294-1303) se convirtió en papa en un momento crucial en el que crecía el poder de los reyes y la centralización del gobierno. En Francia e Inglaterra se gravaba al clero con impuestos para ayudar a financiar empresas militares, en contradicción con el decreto de Inocencio de que no podían hacerlo legalmente sin el consentimiento del papa. En 1296, Bonifacio promulgó la bula papal *Clericis Laicos*, que defendía la libertad de la Iglesia frente a los impuestos seculares. Los reyes Eduardo I de Inglaterra y Felipe IV de Francia tomaron represalias con medidas propias que llevaron a Bonifacio a moderar su postura.

En 1300, Bonifacio estableció el primer año jubilar de la Iglesia y miles de peregrinos acudieron a Roma, lo que animó al papa a reafirmar su autoridad en asuntos seculares. Bonifacio declaró que los papas no sólo tenían derecho divino de gobernar en coordinación con la autoridad secular, sino que Dios había colocado a los papas por encima de toda autoridad secular, sometiendo así todo el ámbito secular a la autoridad papal. Además, Bonifacio publicó la bula *Unam Sanctum* en 1302, en la que afirmaba que todos los seres humanos, en lo que se refiere a la salvación, están sometidos al papa. Felipe respondió enviando hombres armados a Italia para arrestar y encarcelar a Bonifacio, que habría apaleado hasta la muerte de no haber sido salvado por la población local. Murió en 1303 a consecuencia de sus heridas.

La competencia por el poder entre papas y reyes continuó tras el traslado de la residencia papal a Aviñón. Cuando Felipe quiso apropiarse el tesoro de los templarios y exigió que Clemente V y el Concilio de Vienne eliminaran la orden (1312-1314), éstos accedieron. Felipe estuvo presente en Vienne durante el concilio para asegurarse del resultado, y parecía que su victoria sobre la Iglesia era completa.

Todos los papas durante el papado de Aviñón fueron franceses, lo que dio lugar al nombramiento de un número desmesurado de franceses en el colegio cardenalicio, lo que prácticamente garantizaba que el siguiente papa sería francés. Para desilusión de muchos observadores, la corte papal desechó la modestia y se inspiró en las cortes de los reyes, ganándose una reputación de corte mundana y disipada. Los impuestos papales aumentaron y se construyó un palacio muy costoso para el papa y su séquito. El respeto por el papado disminuyó a medida que aumentaban las protestas contra sus excesos y su vida disipada. En 1324, Marsilio de Padua completó *Defensor pacis*, que criticaba al papa por su autoproclamado papel en el gobierno secular. Tanto él como Guillermo de Ockham, otro crítico del papado, fueron excomulgados por el papa Juan XXII. Más tarde, en el siglo XIV, el teólogo de Oxford John Wycliffe, que creía que los clérigos y los religiosos debían practicar la austeridad y la vida sencilla, apoyó a los reyes ingleses contra los excesos papales de Aviñón. A principios del siglo XV se produjo un anticipo del movimiento protestante cuando Jan Hus, discípulo de John Wycliffe, fue excomulgado en 1410 y ejecutado en 1415. Esto provocó una rebelión entre sus seguidores y una serie de guerras civiles que prefiguraron las Guerras de Religión del siglo XVI.

El papa Urbano V (r. 1362-1370) regresó a Roma en 1367, pero sólo permaneció tres años antes de trasladarse de nuevo a Aviñón en 1370. Su sucesor, Gregorio XI (r. 1370-1378), cedió a la presión internacional y trasladó la residencia papal a Roma en 1377, durante la Guerra de los Ocho Santos (1376-1378) entre el papado y Florencia. Tras la muerte de Gregorio en 1378, tuvo lugar una de las elecciones papales más fatídicas de la historia de la Iglesia cuando, bajo la coacción de la turba romana, los cardenales eligieron a un arzobispo italiano, Urbano VI (r. 1378-1389), como nuevo papa. Urbano era cordial y de modales suaves antes de su elección, pero una vez que asumió el cargo se produjo un cambio drástico en su personalidad. Urbano se volvió hostil hacia los cardenales franceses y los reprendió en público por su lujo y estilo de vida decadente. Temiendo perder su poder o algo peor, los cardenales huyeron a Aviñón, declararon inválida la elección y eligieron a uno de los suyos, un francés que adoptó el nombre de Clemente VII (r. 1378-1397). Así comenzó el Cisma de Occidente, que duró hasta 1415.

En 1054, el Gran Cisma entre la Iglesia latina de Occidente y la griega de Oriente causó grandes trastornos en el mundo cristiano. En 1378, Europa se sumió en otra desastrosa división, no sólo dentro de la cristiandad, sino también a lo largo de líneas nacionales y políticas. Inglaterra y sus aliados apoyaban a Urbano VI en Roma, mientras que Francia y sus aliados apoyaban a Clemente VII en Aviñón. La división aumentó cuando los partidarios del movimiento conciliar argumentaron que los concilios ecuménicos tenían más poder que el papa y podían deponer y elegir al papa. Los partidarios de la supremacía papal sostenían que el poder del papa provenía directamente de Dios y que sólo él tenía el poder de convocar un concilio ecuménico.[6]

---

[6] Desde entonces, la Iglesia Católica ha dictaminado que: (1) sólo el Papa tiene el poder y la autoridad suprema en la Iglesia, y (2) la línea legítima de los

En 1398, en un esfuerzo por resolver el problema de la multiplicidad de papas, la Iglesia francesa retiró su obediencia a Benedicto XIII (r. 1394-1423), pero éste se negó a abdicar y no fue expulsado de Aviñón hasta 1403. En 1409, el Concilio de Pisa adoptó el enfoque conciliar y depuso a los dos papas rivales, eligiendo a Alejandro V. Desgraciadamente, ninguno de los otros dos papas abdicó, por lo que hubo tres papas desde 1409 hasta 1415. Alejandro murió en 1410 y Juan XXIII fue elegido en su lugar por el Concilio de Pisa. Juan fue instado a convocar el Concilio de Constanza en 1414. Este concilio depuso a Juan, aceptó la abdicación de Gregorio XII, declaró inválida la pretensión de Benedicto XIII y eligió a Martín V como papa único.

La era del papado de Aviñón y del Cisma de Occidente llegó a su fin en 1417, tras más de un siglo de división. Sin embargo, sus efectos sobre la reputación de la Iglesia serían permanentes, y ésta nunca se recuperó realmente de la pérdida de estima que sufrió por: (1) su incapacidad para aliviar la desgracia causada por la peste negra, (2) la opinión generalizada de que el papado se había extralimitado en su autoridad en asuntos seculares, (3) el carácter mundano de la corte papal y de otros miembros de la jerarquía eclesiástica y de las órdenes religiosas, y (4) el traslado del Papa de Roma y el cisma entre papas rivales.

~

---

papas estaba basada en Roma, y por lo tanto Urbano VI y sus sucesores eran los papas legítimos.

Comprender la historia de esta desafortunada época sirve para entender la mentalidad de los jueces de Juana en su juicio de 1431. Los hombres de la Iglesia eran sensibles a la pérdida de reputación que habían sufrido desde 1309, y hasta cierto punto estos acontecimientos arrojan luz sobre el motivo por el que los jueces de Juana insistieron tanto en que se sometiera a su autoridad, aunque en modo alguno lo justifican.

7

Un siglo de sufrimiento
Las guerras civiles bizantinas y la invasión otomana

El Imperio Otomano entró en el siglo XX envejecido y en decadencia, hasta que finalmente llegó a su fin en 1922 tras ponerse del lado de Alemania y Austria-Hungría durante la Primera Guerra Mundial. Sin embargo, en general perduró durante un periodo largo y próspero en comparación con otros imperios de la historia y, para desazón de los cristianos de la Baja Edad Media, extendió su dominio a las costas orientales de Europa.

La tribu turca conocida como los osmanlíes, llamada así por su líder Osmán[7] (r. 1290-1326), aparece por primera vez en los registros históricos en la batalla de Bafea en 1302 cuando Osmán, según un historiador bizantino, lideró a los turcos en una victoria sobre una fuerza bizantina. Los osmalíes eran sólo una de las muchas tribus turcomanas y una potencia menor en Asia Menor en ese momento, pero 151 años después de la victoria de Osmán en Bafea, uno de los sucesores de Osmán controlaría los

---

[7] De quien también deriva el nombre "otomano".

territorios en los lados europeo y asiático del Bósforo y finalmente lograría el tan ansiado objetivo de capturar Constantinopla y convertirla en la capital del imperio.

Varios factores contribuyeron al notable ascenso de los osmalíes durante el siglo XIV. En primer lugar, el Imperio bizantino atravesó un periodo de luchas internas que desembocaron en esporádicas guerras civiles. La primera de ellas tuvo lugar entre 1321 y 1328, y la segunda entre 1341 y 1347, tras la muerte del emperador Andrónico. La expansión osmanlí se vio favorecida por el antagonismo que existía desde hacía tiempo entre Roma y el cristianismo latino, por un lado, y Constantinopla y la Iglesia ortodoxa griega, por otro. En este conflicto fue fundamental la Cuarta Cruzada, cuando en 1204 los cruzados, instigados por Venecia, superaron las formidables defensas de Constantinopla y saquearon la ciudad sin religiosidad alguna. La ciudad permaneció bajo dominio occidental hasta 1261, cuando Miguel Paleólogo, el emperador en el exilio, pudo recuperar su control con la ayuda de Génova. Constantinopla nunca se recuperó realmente de este saqueo y ocupación, y la Cuarta Cruzada sigue siendo hoy una fuente de fricción entre el cristianismo oriental y occidental.

Contrapuestos a Bizancio como la otra gran civilización de la región en esta época estaban los territorios ocupados por los árabes al sur. Cuando los árabes, bajo el mando de Mahoma, irrumpieron del desierto de Arabia para extender el islam durante el siglo VII, su éxito se vio facilitado por las guerras entre bizantinos y persas, que habían agotado a ambos bandos. Del mismo modo, el ascenso al poder de los otomanos se vio reforzado por la invasión mongola de territorios árabes, que mermó la fuerza de las fuerzas árabes. La resistencia a la expansión otomana se vio neutralizada por la aceptación del islam por parte de los otomanos a principios del siglo XIV.

Poco después de su conversión, los otomanos comenzaron a absorber territorios griegos en su dominio. Su primera conquista fue la ciudad de Brusa en 1326, cuyo comandante, Evrenos, se rindió voluntariamente a Osmán y más tarde se hizo musulmán. Osmán murió poco después de tomar Brusa y le sucedió su hijo Orhan, que hizo de Brusa su capital. Orhan consiguió someter otros territorios griegos al dominio otomano, y en 1331 se apoderó de Nicea, donde más de mil años antes Constantino había convocado un concilio ecuménico del que surgió el fundacional Credo Niceno (325). En 1333, los bizantinos se vieron obligados a pagar tributo a los otomanos. Durante la guerra civil bizantina librada entre 1342 y 1347, los otomanos formaron una alianza con el nuevo emperador, Juan VI Cantacuzeno, contra sus rivales, los Paleólogos. Orhan tomó como esposa a la hija de Juan, la princesa Teodora, en 1346.

Orhan y los turcos otomanos alarmaron a la cristiandad occidental cuando en 1353 capturaron Galípoli, en la orilla europea del Bósforo. Los otomanos cruzaron el mar Egeo desde Asia Menor invitados por Juan VI, que deseaba debilitar a su rival, y avanzaron para extender su dominio hasta Tracia. Esto causó gran consternación en Europa, pero, como los europeos estaban debilitados por tantas otras calamidades durante el siglo XIV, no se pudo reunir ninguna fuerza eficaz, salvo las fuerzas eslavas y griegas que ya estaban en los Balcanes.

Los turcos también se beneficiaron de la muerte en 1355 de Stefan Dušan, rey de Serbia e importante defensor de Europa frente a los turcos. En 1359, Orhan murió y fue sucedido por su hijo Murad, considerado por muchos historiadores como el verdadero fundador del Imperio Otomano. Murad se apoderó rápidamente de Adrianópolis, una de las principales ciudades bizantinas, en 1361. Diez años más tarde, derrotó a los serbios en el río Marica. La segunda mayor ciudad bizantina, Tesalónica, cayó en 1387, y en 1389 los otomanos derrotaron a los serbios en la batalla de Kossova, poniendo fin a la independencia serbia. Murad murió en la batalla y le sucedió su hijo, Bayezid.

El rápido avance de los turcos islámicos en la frontera oriental de Europa angustió a los cristianos europeos, pero Bayezid, tras aplacar a los eslavos y consolidar sus posesiones en Europa, dirigió su atención al este, hacia Asia Menor. Sin embargo, Segismundo marchó al frente de un ejército húngaro hacia Bulgaria, lo que obligó a Bayezid a dar marcha atrás para proteger sus territorios europeos. Derrotó a Segismundo, incorporó Bulgaria a su dominio y puso su mira en Constantinopla. Aunque los bizantinos no le habían dado ninguna buena razón para hacerlo, Bayezid sitió la ciudad, la primera vez que un gobernante turco lo intentaba. Con la ayuda de Génova y Venecia, y gracias a sus formidables murallas defensivas (algunas de las cuales siguen en pie hoy en día), la ciudad de Constantinopla pudo resistir el asedio hasta que finalmente fue levantada.

Los antiguos griegos decían que némesis sigue a *hýbris,* la arrogancia, y si el fallido asedio de Constantinopla fue un signo de arrogancia, la torpeza con la que Bayezid gestionó una incursión de Timur (Tamerlán) en Asia Menor en 1402 fue la manifestación inequívoca de la némesis. Los errores tácticos, estratégicos y diplomáticos provocaron la derrota de las fuerzas otomanas en la batalla de Ankara. Bayezid fue capturado y hecho prisionero, y murió poco después.[8]

Sin embargo, la derrota de Ankara no frenó la expansión otomana. Los soldados eslavos y las provincias balcánicas permanecieron leales a los turcos, y Timur no continuó su victoria con nuevas campañas en Asia Menor. En mayo de 1453, los otomanos bajo el mando del sultán Mehmed II, armados con un enorme cañón y ayudados por los recientes avances de la pólvora, abrieron finalmente una brecha en las hasta entonces impenetrables murallas occidentales de Constantinopla y tomaron la ciudad. En julio de ese mismo año, las fuerzas francesas utilizaron predominantemente la artillería de campaña por primera vez, con gran éxito, contra los ingleses en la batalla de Castillon, poniendo fin a la Guerra de los Cien Años. La pólvora

---

[8] Ícaro debería haber escuchado a su padre Dédalo y haber tomado el camino del medio, que es donde Aristóteles decía que reside la virtud, pero el joven se volvió arrogante y aprendió la lección demasiado otarde.

había alcanzado la mayoría de edad y contribuyó a impulsar una rápida transición de la guerra medieval a la moderna.

Mehmed convirtió a Constantinopla su capital, y Santa Sofía, la gran basílica cristiana construida por Justiniano en 537, se convirtió en una mezquita. Irónicamente, la cristiandad occidental, que no prestó la ayuda adecuada a Constantinopla en su batalla contra el islam, se benefició de la caída de Constantinopla al recibir a eruditos griegos que huían de los conquistadores turcos. Estos eruditos llevaron a Occidente valiosos manuscritos griegos que contribuyeron a la educación de Europa y al inicio del periodo que conocemos como Renacimiento.

8

Un siglo de sufrimiento
Los rigores de la vida medieval

La inmensa mayoría de la población medieval, quizá el noventa por ciento, pertenecía a la clase campesina, vivía en una aldea o cerca de ella y se dedicaba a la agricultura. Sus vidas estaban regidas por la Iglesia, su señor y el ciclo anual de siembra y cosecha. La vida en la Edad Media podía ser precaria, y una mala cosecha podía significar el hambre y la pobreza.

Sin embargo, a pesar de todo el trabajo y las penurias que conllevaba la agricultura, la dieta de la mayoría de los campesinos[9] carecía de diversidad y se distribuía de forma desigual a lo largo del año. Muchos campesinos sobrevivían a base de gachas, sopa, estofado y pan negro sin levadura hecho de trigo, centeno y avena. Había verduras parte del año, pero los siervos rara vez comían carne hasta finales del siglo XIV, cuando la carne, especialmente de cerdo, se convirtió en parte habitual de su dieta. La leche de vaca, oveja y cabra estaba disponible todo el año. El pescado podía

---

[9] También llamados "siervos" o "villanos".

formar parte del menú, al igual que el conejo, las aves de corral y otros animales que los señores permitían cazar a los campesinos.

Las mujeres tenían un papel subordinado en todos los rangos de la sociedad medieval. Las campesinas se dedicaban a diversas ocupaciones, como las tareas domésticas, hilar o remendar la ropa, cuidar de los niños, atender el huerto o el ganado y dedicarse a una artesanía u oficio especializado. Confeccionar ropa exigía mucho tiempo, al igual que producir alimentos, obtener agua potable, construir y reparar casas y otros edificios, reparar herramientas y recoger leña para el hogar. La ropa medieval rara vez se fabricaba con algodón, ya que había que importarlo y era difícil de hilar con los métodos disponibles en la época. La ropa se confeccionaba con lana —un producto muy apreciado en el comercio y que constituía una importante industria— y con lino. Muy pocos campesinos poseían más de dos mudas de ropa.

Los castillos y mansiones de reyes y nobles podían ser espaciosos y lujosos para los estándares medievales, pero para el campesino medio, la vida en el interior significaba una vivienda de madera de una o dos habitaciones con suelo de tierra. Los animales vivían cerca y a veces dentro de la casa familiar, que siempre estaba expuesta al fuego. Los comerciantes y artesanos que dependían del uso del fuego tenían que ser especialmente cuidadosos. Las ventanas eran pequeñas y la luz interior escasa, incluso durante el día. Las chimeneas eran poco comunes en la mayoría de las viviendas campesinas, y si el humo del fuego del hogar no podía escapar por un conducto o rejilla en el tejado, el interior se llenaba de humo. La ventilación podía ser mala y el interior olía mal, ya que los campesinos se bañaban con muy poca frecuencia, quizá sólo una vez al año y a veces ni siquiera se bañaban. Además, las casas eran húmedas y normalmente frías, sobre todo por la noche, cuando las brasas del hogar ya eran demasiado tenues para dar calor. Para hacer sus necesidades, la gente iba a las letrinas construidas sobre pozos negros y se limpiaba con heno, paja o hierba.

La vida doméstica comunal en la época medieval significaba que la intimidad, si la había, se limitaba a dormir solo, aunque en la Edad Media la mayoría de la gente dormía desnuda y a menudo con otras personas en la cama. El sexo tenía lugar en medio de todo. Era habitual dar el pecho en público, y la familiaridad que la gente tenía con los pechos de las mujeres y el modo de vida comunal en la Edad Media explican por qué varios soldados junto con los que combatió Juana le vieron los pechos y comentaron que eran hermosos. Esto suena extraño para las sensibilidades modernas, especialmente cuando Juana protegía su virginidad con tanta ferocidad, pero la vida en las aldeas medievales hacía que eso fuera la norma.

Como era de esperar, los campesinos pasaban la mayor parte de su vida al aire libre, aunque muy pocos de ellos se alejaban mucho de su aldea. Los que lo hacían a veces iban en peregrinación a un lugar designado como sagrado por la Iglesia. Para la mayoría de los campesinos, se trataba de iglesias, catedrales o santuarios regionales, pero los que podían permitirse un viaje más largo peregrinaban a Roma, Jerusalén, Santiago de Compostela y la catedral de Canterbury. Las razones para peregrinar variaban: devoción, penitencia, curarse de una enfermedad, lesión o dolencia, o pedir una gracia para uno mismo o para otra persona, incluidos los parientes fallecidos. En la Edad Media, la gente también viajaba por negocios y para asistir a las ferias y festividades que eran tan importantes y características de la vida medieval. Eran algo más que una fuente de entretenimiento: eran días festivos y lo más parecido a unas vacaciones que la mayoría de la gente disfrutaba en la Edad Media.

Como hemos visto, la peste negra contribuyó al crecimiento de la clase media, sobre todo en las ciudades y pueblos, pero también en el campo. Los famosos arqueros ingleses, por ejemplo, eran en su mayor parte pequeños terratenientes contratados por el rey en tiempos de guerra. En las ciudades y aldeas, los burgueses —o habitantes que vivían en un recinto fortificado— eran comerciantes y artesanos de clase media. Normalmente, estos burgueses no respondían ante un señor, sino ante un burgomaestre o alcalde. Los artesanos tenían su propio *cursus honorum*, que comenzaba (normalmente para los varones) con el puesto de aprendiz, seguía con la categoría de oficial y, por último, el reconocimiento como experto o maestro. Llegados a este punto, los artesanos convertían en miembros de un gremio, la versión medieval de un sindicato.

Algunos de estos artesanos se enriquecían, así como muchos de los mercaderes, especialmente los que viajaban al extranjero. El aumento de los ingresos y del estatus social suele ir acompañado de un interés por la educación y la demanda de libros. Durante la Temprana Edad Media (c. 476 a c. 1000 d.C.) y la Alta Edad Media (c. 1000 a c. 1300), los libros eran raros y normalmente sólo se encontraban en los monasterios. Sin embargo, durante la Baja Edad Media (c. 1300 a c. 1450), la alfabetización aumentó y los libros y la educación se generalizaron. Todo ello contribuyó al aumento de poder de la clase media, y en 1450, cuando Johannes Gutenberg utilizó la primera imprenta de tipos móviles para imprimir la Biblia, una población cada vez más alfabetizada estaba ansiosa por beneficiarse de su revolucionario invento.

A pesar de este progreso social, la Europa de los siglos XIV y XV seguía siendo un lugar violento. En toda sociedad, siempre habrá quienes se inclinen por el servicio militar, el combate y la guerra por elección propia, pero muchos jóvenes de la sociedad medieval se veían empujados a tales ocupaciones por necesidad. Los métodos agrícolas no habían avanzado mucho desde la época romana y eran muy ineficientes bajo los estándares actuales. Los hijos de familias campesinas cuyas tierras no producían suficiente sustento para mantener a una familia en crecimiento no tenían más remedio que abandonarlo y a veces buscaban empleo como soldados o mercenarios. Del mismo modo, los hijos de nobles que no estaban destinados a heredar las tierras y propiedades de sus padres solían formarse como caballeros. Cuando alcanzaban la mayoría de edad, abandonaban las propiedades de sus padres para buscar fortuna en otros lugares y, con suerte, poder hacerse con un señorío o ducado propio.

Las batallas campales entre dos grandes ejércitos bajo el mando de un rey o un grupo de señores eran poco frecuentes en la Edad Media, ya que resultaban caras, arriesgadas e impredecibles. El riesgo de perder hombres, caballos y materiales de guerra o de ser tomado como rehén constituía un factor disuasorio suficiente para este tipo de empresas a gran escala. Mucho más comunes eran las escaramuzas, las incursiones, el pillaje, el saqueo y la toma de rehenes para pedir rescate. Este tipo de guerra fue frecuente en la Guerra de los Cien Años, ya que era efectiva para destruir las economías locales y causó muchas dificultades financieras al rey francés y a sus nobles. Los castillos eran en cierto modo eficaces como defensa, pero no eran móviles y no podían resolver por completo el problema de las bandas itinerantes de soldados y mercenarios que desempeñaron un papel tan destacado y destructivo durante la Guerra de los Cien Años.

Para algunos sólo había un paso entre servir en un ejército organizado a las órdenes de un rey o un noble y reorganizarse como banda de mercenarios a las órdenes de un capitán cuando el señor ya no necesitaba sus servicios y disolvía su ejército. Peor aún, podían reorganizarse como banda de bandoleros, asesinos y ladrones. Las bandas de hombres entrenados para el combate sin otros medios de subsistencia podían utilizar fácilmente sus habilidades marciales para sus propios fines. La compañía de soldados que ayer luchaba por una causa justa o por los derechos de su señor podía convertirse hoy en salteadores de caminos y asaltantes de aldeas, refugiándose en los numerosos bosques y florestas que cubrían el paisaje medieval. Viajar podía ser peligroso, sobre todo solo o en un grupo pequeño, que era otra de las razones por las que los campesinos permanecían cerca de sus aldeas.

La justicia en la Edad Media, cuando existía, era a menudo violenta y a veces brutal. Esto no quiere decir que siempre se administrara con imparcialidad, ya que los jueces y alguaciles eran susceptibles de ser sobornados y muchos eran corruptos. Cuando se impartía, la justicia a menudo adoptaba la forma de lo que hoy consideraríamos cruel e inusual. Los meros sospechosos de un delito a veces eran sometidos a duras pruebas para demostrar su inocencia (por ejemplo, combate, ser atados y luego arrojados al agua, o ser expuestos al fuego u obligados a atravesarlo). En ocasiones, estos juicios eran presididos por miembros de la jerarquía eclesiástica. Si alguien era declarado culpable de un delito, podía ser puesto en la picota o en el cepo, o torturado de diversas maneras, lo cual a veces llevaba a la muerte, la invalidez permanente o la desfiguración. Si el delito era lo bastante grave, la persona ser ejecutada. Las brujas y los herejes eran quemados en la hoguera, como le ocurrió a Juana.

La población medieval vivía cerca de la pobreza. Un golpe de mala suerte —una lesión incapacitante, la muerte prematura de un padre o un marido, un incendio provocado por una chispa del hogar o propagado desde la casa de un vecino— podía dejar a una familia en la indigencia y hacer que pasara a depender de la caridad de los demás.

También vivían lado a lado con la muerte. Durante la Edad Media había una alta tasa de mortalidad infantil y juvenil, y los que vivían más de sesenta años probablemente habrían pasado muchas penurias, incomodidades y dolores físicos causados por heridas, enfermedades, alimañas y dolencias. Los conocimientos medievales de medicina eran limitados. La cirugía era rudimentaria e incluía las sangrías, y aún no se había propuesto la teoría de los gérmenes. Había falta de higiene y problemas de saneamiento en las abarrotadas calles de pueblos y ciudades. En todas partes, la gente vivía entre ratas, pulgas, ratones y piojos. Comer carne cruda o poco hecha podía llevar a tener lombrices intestinales y otros parásitos. Toda una vida de duro trabajo físico causaba artritis, y la falta de fruta y verdura provocaba déficit de vitaminas y escorbuto. Los dientes flojos, rotos y podridos, la higiene bucal sin cepillos ni dentífricos, los desechos humanos y animales, las mordeduras de animales y las infecciones eran parte de la vida. Los ejércitos itinerantes y las bandas de forajidos eran una forma de violencia entre otras muchas, y la falta de prisiones y de agentes de la ley significaba que la prevalencia de la criminalidad hacía la vida aún más precaria y peligrosa.

Éstos eran los tiempos en los que vivió Juana. Cabe señalar que, incluso entre estas personas duras y resistentes, sus contemporáneos consideraban que Juana estaba especialmente dotada de fuerza física y resistencia, valor y una notable capacidad para recuperarse de lesiones y enfermedades.

9

Un siglo de sufrimiento
La familia real

Para alguien nacido de sangre real, el destino había deparado muchas desventajas a Carlos VII cuando nació. Era el undécimo hijo de Carlos VI (1368-1422) y de Isabel de Baviera (1371-1435), hija de Esteban III, duque de Baviera. No estaba destinado a reinar, pero la mayoría de sus hermanos murieron antes de 1422, año en que se convirtió en Delfín de Francia y heredero al trono:

1. Carlos, el primogénito (n. 1386), sólo vivió tres meses.

2. Juana (n. 1388) vivió sólo hasta 1390.

3. Isabel (n. 1389), que se convirtió en la esposa del malogrado Ricardo II de Inglaterra, murió en 1409 a los veinte años.

4. Juana (n. 1391) murió a los cuarenta y un años, en 1433.

5. Carlos (n. 1392) vivió ocho años, hasta 1401.

6. María (n. 1393) se hizo monja y murió a los cuarenta y cinco años, en 1438.

7. Micaela (n. 1395) se convirtió en la segunda esposa de Felipe el Bueno, duque de Borgoña, rival de Carlos VII; murió en 1422 a la edad de veintisiete años.

8. Luis (n. 1397) tenía dieciocho años a su muerte en 1415.

9. Juan (n. 1398) fue Delfín hasta su muerte en 1417, lo que abrió el camino para que Carlos VII heredara el trono de Francia.

10. Catalina (n. 1401) se convirtió en esposa de Enrique V de Inglaterra como parte del Tratado de Troyes, que desheredó a Carlos VII de su derecho al trono; vivió para ver a Carlos VII recuperar gran parte del territorio de los ingleses, y murió en 1437.

11. Carlos VII (n. 1403), que, con la ayuda de Juana, se convirtió en rey de Francia; sobrevivió a todos sus hermanos y murió en 1461 a los cincuenta y ocho años.

12. Felipe (n. 1407) vivió sólo unos meses; 1407 fue también el año en que Juan el Temerario, duque de Borgoña, ordenó el asesinato de su rival, Luis de Orleans, lo que precipitó el inicio de la guerra civil francesa.

El número y la frecuencia de las muertes en la familia real debieron de pesar mucho sobre el rey y la reina, incluso en una época de alta mortalidad infantil y juvenil, pero las desgracias de su familia no acabaron ahí. Carlos VII siempre supo que su padre padecía una grave enfermedad mental. Los primeros accesos de locura de Carlos VI, que ahora se considera esquizofrenia, se produjeron en 1392, cuando mató a cuatro hombres durante una operación militar. Durante los periodos de tiempo en los que estaba demasiado debilitado para gobernar, Felipe el Temerario, duque de Borgoña, gobernaba en su lugar, pero cuando Carlos volvía a sus cabales, confiaba en el consejo de Luis, duque de Orleans. Esto intensificó una rivalidad política entre los dos grandes señores, cada uno de los cuales aprovechó la oportunidad para beneficiarse de la exención de impuestos territoriales cuando el poder pasaba a sus manos. La tensión entre ellos y sus sucesores acabaría siendo letal y tendría consecuencias desastrosas para Francia que duraron hasta bien entrado el reinado de Carlos VII.

Al igual que su marido, Isabel de Baviera también padecía de problemas mentales. Aunque nunca llegó a enloquecer, tenía altos niveles de ansiedad y numerosas fobias. Su salud física se deterioró cuando cayó enferma de gota, y acabó volviéndose tan obesa que apenas podía caminar. Era notoriamente promiscua, lo que dio credibilidad a su afirmación, en la firma del Tratado de Troyes de 1420, de que Carlos VII era ilegítimo. También contribuyó intensamente a las políticas partidistas divisivas que llevaron a la guerra civil. Cuando Carlos era un menor de edad y crecía en la corte francesa, Isabel le consentía, pero más tarde se puso en su contra y se alió con su rival, Juan el Temerario.

La guerra civil había llegado al seno de la familia real.

10

Un siglo de sufrimiento
La Guerra de los Cien Años (1413 a 1429)

En 1413, Enrique V se convirtió en rey de Inglaterra. Ambicioso, enérgico, viril y joven, un brillante jefe militar y líder nato, Enrique estaba decidido a unir al pueblo de Inglaterra bajo su reinado y hacerse con el trono de Francia, si no para él, para su sucesor. En 1415, los ingleses desembarcaron en Francia bajo el mando de Enrique. Tras una expedición militar que infligió grandes penalidades a la población en Normandía, Enrique derrotó a los franceses el 25 de octubre en Azincourt, una de las batallas más famosas e importantes de la Edad Media.

Las batallas campales a gran escala eran raras en la época medieval, pero en el siglo XIV se produjeron varias que se convirtieron en legendarias, aunque no fueran decisivas. La batalla de Azincourt se asemejó a batallas anteriores en las que soldados rasos y arqueros infligieron una derrota desastrosa a caballeros bien pagados y a señores de gran linaje:

- Las milicias flamencas derrotaron a un ejército profesional de caballeros franceses en la batalla de Courtrai en 1302.

- Roberto Bruce lideró una pequeña fuerza escocesa de piqueros y caballos ligeros y derrotó al ejército inglés de Eduardo II, más numeroso, en la batalla de Bannockburn en 1314.

- Los arqueros ingleses de Eduardo III diezmaron una fuerza mucho mayor de caballería francesa en la batalla de Crécy en 1346.

- La mayor victoria inglesa en la Guerra de los Cien Años, que causó gran agitación política en Francia, fue la batalla de Poitiers en 1356, en la que arqueros ingleses arrasaron a los caballeros franceses sin montura y capturaron al rey francés, Juan II (r. 1350-1364), y a muchos otros nobles franceses. Juan murió en Londres en 1364 antes de que se pagara su rescate.

Sin embargo, antes de la batalla de Azincourt, a ninguno de los dos bandos le parecía que los ingleses tuvieran posibilidades de repetir alguna de estas famosas victorias. El contingente francés era mucho mayor y muchos ingleses sufrían disentería. La noche anterior a la batalla, los ingleses estaban sombríos mientras escuchaban los cánticos procedentes del campamento de los exultantes franceses, que confiaban que el día siguiente les traería una gloriosa victoria y nobles que capturar y por los que pedir rescate. Enrique se paseó por entre sus desalentadas tropas, animándolos a recuperar la esperanza perdida.

Para empeorar las cosas, aquella noche cayó una fuerte lluvia. Empapados, enfermos y exhaustos, los ingleses acababan de terminar una campaña de pillaje e iban cargados de botín que no les serviría de nada en batalla. Sin embargo, también llovió sobre los franceses y, lo que es más importante, llovió sobre el campo de batalla. Si el tiempo favoreció a alguien aquella noche, fue a los ingleses. Enrique contaba con otra ventaja decisiva: cuatro mil arqueros que acompañaban a sus dos mil hombres; y una vez más los arqueros ingleses, como en anteriores batallas contra los franceses, demostraron su inestimable valía en el campo de batalla medieval.

El terreno, que bordeaba en ambos lados con zonas boscosas, era blando, con hierba húmeda y barro, totalmente inadecuado para los caballeros franceses, con sus armaduras pesadas y caballos de guerra protegidos por pertrechos de batalla. A pesar de esta seria desventaja, siguiendo una tradición ancestral, los franceses marcharon contra los arqueros ingleses y, como en Crécy y Poitiers, fueron abatidos en masa. Las flechas oscurecieron el cielo y los caballos y los hombres se empantanaron en el barro, resbalando y cayendo unos sobre otros. Incapaces de ponerse en pie bajo el peso de sus armaduras, los hombres yacían amontonados, algunos muertos, otros aún vivos. Los caballos piafaban, los hombres gritaban, las flechas volaban. En un momento dado, los franceses parecían estar a punto de romper la línea inglesa, y Enrique, para su eterna infamia y en contra de todas las reglas de la guerra caballeresca, ordenó asesinar a los franceses que se habían entregado como prisioneros para pedir rescate.

Al final, el campo de batalla estaba sembrado de miles de cadáveres franceses, mientras que sólo unos cientos de ingleses murieron. Enrique regresó a Inglaterra en una celebración triunfal, aclamado como un gran rey y un jefe militar de renombre. Azincourt fue una victoria tan desigual como las de Crécy y Poitiers. Entre los capturados estaba Carlos, duque de Orleans, cuyo hermanastro, Juan de Orleans, lideraría la defensa de Orleans contra un asedio de los ingleses en 1428-1429 y más tarde haría contribuciones vitales como general en el ejército de Carlos VII. Juan de Orleans (que se convirtió en conde de Dunois en 1439) se convertiría en compañero de armas de Juana y, como veremos más adelante, tuvo enorme paciencia con su insistencia en tomar siempre la iniciativa en la batalla. En cierto modo, Juana se parecía a sus compatriotas, los caballeros franceses demasiado confiados de Crécy, Poitiers y Azincourt que se lanzaron sin miramientos a la batalla. Pero su implacable agresividad tenía su origen en su fe en Dios y en sus voces y en la creencia de que Dios les daría la victoria, más que en honor caballeresco y en la esperanza de capturar rehenes de la nobleza.

En 1416, el emperador Segismundo visitó Francia e Inglaterra en un intento de firmar la paz, pero no se logró ningún avance y Enrique volvió a invadir Normandía en 1417. Ese año también murió Juan, Delfín de Francia,[10] y el título pasó a su hermano Carlos. Después de que los borgoñones tomaran París en 1418,

---

[10] El Delfín era así llamado porque el estandarte del heredero al trono de Francia mostraba un delfín.

Carlos huyó de la ciudad y estableció su corte en Bourges. Su matrimonio con María de Anjou, hija de Luis de Anjou, rey de Nápoles, y de Yolanda de Aragón, afianzó su posición en el bando de los armagnacs.

Las tensiones entre borgoñones y armagnacs se aliviaron un poco cuando Carlos intentó reconciliarse con Juan el Temerario, que había heredado el ducado al fallecer su padre, Felipe el Audaz, en 1404. Sin embargo, en una segunda reunión en septiembre de 1419, Juan —que en 1407 había ordenado el asesinato de Luis de Orleans, su tío y amante de Isabel— fue asesinado de un hachazo en la cabeza por uno de los armagnacs. Carlos estuvo presente en el asesinato, pero no se sabe con certeza si sabía del complot para matarlo. No obstante, los borgoñones le culparon con vehemencia.

Todo ello contribuyó a precipitar el Tratado de Troyes. En venganza por el asesinato de Juan el Temerario,[11] los borgoñones ayudaron a Enrique a tomar París junto con el rey Carlos VI. Enrique pudo imponer su voluntad al debilitado monarca francés y desposó a la hija de Carlos, Catalina de Valois, hermana de Carlos VII, dos años mayor que él. El tratado también estipulaba que Enrique y cualquier sucesor que tuviera con Catalina serían reconocidos como herederos legítimos al reino de Francia tras la muerte de Carlos VI. El Tratado de Troyes se firmó el 21 de mayo de 1420.

---

[11] Su intrepidez pudo costarle la vida.

La alianza anglo-borgoñona resultante de este tratado cimentó y formalizó la guerra civil francesa. Isabel vivía bajo protección borgoñona y apoyó el tratado que desheredaba a Carlos VII del trono de Francia. En el momento de la firma, insinuó que Carlos era ilegítimo —algunos pensaban que era hijo de su amante, Luis de Orleans— y que, por tanto, no era el heredero legítimo. La alianza borgoñona con los ingleses y el hecho de que su madre insinuara que era ilegítimo fueron duros golpes para Carlos. Durante años, muchos creyeron que no podía heredar legítimamente el trono "por la gracia de Dios" ni ser investido con el poder sagrado que sólo se otorga a los reyes legítimos.

El destino intervino, sin embargo, en 1422, cuando Enrique murió a los treinta y cinco años, de disentería contraída en el sitio de Meaux. El rey era devoto según las normas de su época y estaba leyendo un libro sobre la Primera Cruzada poco antes de fallecer. Enrique esperaba unir a Inglaterra y Francia en una cruzada a Tierra Santa, pero su prematura muerte puso fin a esta piadosa aspiración. Apenas dos meses después, Carlos VI murió y el trono de Francia quedó vacante.

Enrique VI, el hijo pequeño de Enrique V y Catalina, fue reconocido como rey por los ingleses y el partido anglo-borgoñón. Carlos VII, de diecinueve años, fue proclamado rey por los partidarios del Delfín, con la justificación de que Carlos VI no estaba en condiciones mentales de aceptar los términos especificados en el Tratado de Troyes. Los que creían que Carlos VII era ilegítimo apoyaron a Carlos, duque de Orleans, primo de Carlos VII, pero éste seguía en Inglaterra pidiendo rescate en una cómoda cautividad tras haber sido capturado en la batalla de Azincourt.

Tras la muerte de Enrique, continuaron los combates a pequeña escala. Se asediaron castillos y se asaltaron pueblos, ciudades y granjas. Los ingleses completaron la conquista de Normandía en la batalla de Verneuil en 1424, y Juan de Lancaster, duque de Bedford y hermano del difunto Enrique V, gobernó como regente del niño rey Enrique VI. Bedford, un general capaz, aunque temperamental, estaba decidido a asegurar el trono de Francia para su sobrino. Ayudado por su alianza con Felipe, duque de Borgoña, consolidó sus posesiones en el norte de Francia e inició una campaña militar destinada a controlar el río Loira. Para tener éxito, necesitaba capturar la ciudad fortificada de Orleans, que abriría el camino hacia Bourges, el principal bastión de Carlos. En 1428, los ingleses de Bedford sitiaron Orleans.

Carlos se encontraba en una situación aparentemente imposible. Su tesorería estaba casi agotada y sus fuerzas militares eran insuficientes para expulsar a los ingleses de Guyena y Normandía. Además, no podía consumar su ascenso al trono, en gran parte porque Reims, la ciudad donde tradicionalmente eran coronados los reyes de Francia, estaba en manos inglesas. Apoyado por su suegra, Yolanda de Aragón, esperaba con aprensión en lo que quedaba de su territorio en peligro al sur del río Loira. Gastó más de lo que se podía permitir en mantener una corte en los diversos castillos que aún estaban bajo su control. Si no se producía un giro extraordinario de los acontecimientos, parecía sólo cuestión de tiempo que los ingleses, con la ayuda de los borgoñones, conquistaran lo que quedaba de Francia. Hubo momentos en los que pensó en huir.

La llegada de Juana a la escena en 1429 es en cierto modo una rareza histórica. El levantamiento del sitio de Orleans —en el que Juana desempeñó un papel decisivo, si no desde el punto de vista militar, sí desde el espiritual y motivacional— fue un punto de inflexión en la vida de Carlos y en la Guerra de los Cien Años que quedará escrito para siempre en las páginas de la historia de la civilización occidental.

Segunda parte

La misión de la Doncella

Hermanos, tengan en cuenta quiénes son los que han sido llamados: no hay entre ustedes muchos sabios, hablando humanamente, ni son muchos los poderosos ni los nobles. Al contrario, Dios eligió lo que el mundo tiene por necio, para confundir a los sabios; lo que el mundo tiene por débil, para confundir a los fuertes; lo que es vil y despreciable y lo que no vale nada, para aniquilar a lo que vale. Así, nadie podrá gloriarse delante de Dios.

1 Corintios 1:26-29

11

Un héroe es elegido
Nacimiento e infancia (1412 a 1428)

En 1412, cuando Juana nació, gran parte de Francia era una tierra de vidas arruinadas, esperanzas frustradas, sueños rotos, granjas devastadas y puentes quemados. Entonces llegó el milagro de Juana: un *Deus ex machina* en la historia de Francia y Europa occidental que sirvió de catalizador para una serie de reveses contra el poder inglés en el continente. El levantamiento del sitio de Orleans, en el que Juana desempeñó un papel crucial, cambió el curso de la guerra y la historia. Su carrera militar sería breve, sólo un año, pero en ese tiempo contribuiría de forma decisiva a la coronación de un rey francés y a la pérdida de todos los territorios de Inglaterra en Francia tan sólo veintidós años después de su muerte, en 1431.

En la Edad Media se conservaban pocos registros sobre los campesinos, pero sabemos mucho de Juana por las transcripciones de sus dos juicios. El primer juicio acabó con su condena como hereje. Sin embargo, en un notable giro de los acontecimientos (o tal vez un claro caso de ironía divina), su denuncia y difamación dieron lugar a un segundo juicio que produjo más documentación, que a su vez la llevó a ser canonizada en 1920.

¿Es posible narrar de forma adecuada la historia de Juana sin hacer referencia a lo inescrutable de la voluntad de Dios? Una simple campesina de un pequeño e insignificante pueblo del este de Francia fue llamada por voces misteriosas para cumplir una misión más allá de sus capacidades. Su vida terminó a los diecinueve años, cuando ya era una de las mujeres más famosas de la historia occidental, aclamada a lo largo de los siglos como símbolo de la identidad y el nacionalismo franceses, canonizada por la Iglesia que la condenó y exoneró, y que luego cimentó su triunfo convirtiéndola en patrona de Francia. ¿Cómo podría la explicación de una sucesión de acontecimientos tan inverosímil omitir precisamente el reconocimiento de los modos inescrutables en los que el Señor de la Historia actúa en la vida de sus héroes-santos? ¿Acaso el ascenso de esta Doncella podría deberse a otra causa que no sea la obra de la divina providencia? ¿Acaso no decían sus voces la verdad cuando le decían que Dios la liberaría?

~

Como veremos, hay muchas cosas destacables en la vida de Juana, pero su nacimiento tuvo poco de destacable. Nació en 1412, la cuarta de los hijos y la segunda niña de Jacques d'Arc, un campesino y funcionario menor de Domrémy, y de Isabelle, llamada Romée, que dio a Juana toda la educación religiosa que recibiría. Ambos eran analfabetos, al igual que Juana.[12] La casa familiar estaba situada junto a la iglesia del pueblo, y el hecho de que fuera de piedra y no de madera, y de que Jacques pudiera criar a cinco hijos sanos, significa que su padre era un hombre de cierta posición social dentro de su comunidad que poseía al menos una modesta riqueza para ser campesino.

Como otras niñas de su edad y clase social, Juana aprendió a hilar y coser, realizaba las tareas domésticas, cuidaba del ganado y trabajaba en el huerto y en el campo cuando era necesario, sobre todo en época de cosecha. Tenía tres hermanos y una hermana.[13] Según las transcripciones de su proceso de rehabilitación, era una muchacha inusualmente piadosa, un rasgo que parece haber adquirido de su madre, que había peregrinado y tenía un confesor dominico. También sabemos que la familia de Juana era sociable, trabajadora y respetada en su pueblo, y que Juana era elocuente, inteligente y popular. La virtud moral e intelectual que se le inculcó a Juana a una edad temprana resultaría crucial durante su misión púbica y en el último año de su vida.

Domrémy era leal a Carlos VII y aliada de la causa de los armagnacs, pero estaba situada en el noreste de Francia, lejos de la fortaleza del Delfín y aislada y de cualquier protección que éste o sus aliados pudieran darle. La guerra civil que comenzó en 1407

---

[12] Juana aprendió más tarde a firmar con su nombre, y tenemos cartas originales dictadas por ella en las que estampó su firma.

[13] Jacquemin, Jean y Pierre eran mayores que Juana, pero no se sabe si Juana era mayor o menor que Catalina, que murió antes de que Juana iniciara su misión pública.

todavía no había llegado a Domrémy durante la infancia de Juana, aunque los muchachos de su pueblo se peleaban con los de Maxey, un pueblo al otro lado del río Mosa que era del partido borgoñón. De hecho, Domrémy estaba rodeado por todos los lados por territorios leales al duque de Borgoña, y los estragos de la guerra no podían posponerse indefinidamente. Era sólo cuestión de tiempo que la tranquilidad de los primeros años de Juana se viera rota por la guerra característica de esta época y de este lugar.

Juana tenía tres años cuando Enrique V derrotó a los franceses en Azincourt. En 1423, Roberto de Saarbruck exigió a los habitantes de Domrémy dinero para pagar su protección. Pero esto resultó inútil cuando el pueblo fue atacado en 1425 por soldados borgoñones leales al rey de Inglaterra. Soltaron al ganado, quemaron las casas y robaron objetos de valor. Los campesinos recuperaron parte de sus bienes robados gracias a la generosidad de un señor local y sus caballeros, que expulsaron a los borgoñones, pero la iglesia del pueblo fue quemada y saqueada y muchas casas sólo pudieron repararse con gran dificultad. Juana testificó en su juicio que esta incursión galvanizó a los ciudadanos de Domrémy contra los ingleses, pero admitió que detestaban aún más a los borgoñones.

Juana tenía trece años en el momento del ataque, y poco después empezó a oír las voces de San Miguel Arcángel, Santa Margarita (probablemente Margarita de Antioquía) y Santa Catalina (probablemente Catalina de Alejandría). El primer episodio ocurrió cuando estaba en el huerto de su padre. Oyó una voz acompañada de una luz brillante que venía de la iglesia, y que identificó como la voz de San Miguel. Las primeras revelaciones la instaron a preservar su virginidad por el bien de su salvación, y más tarde se le dijo que había sido elegida por el "Rey de los Cielos" para "reparar el reino" de Francia. Juana permaneció leal y en su mayor parte obedeció a estas voces durante el resto de su vida, pues creía que le llegaban por voluntad de Dios.

Las voces de Juana y las visiones que las acompañaban constituyen una peculiaridad histórica y fueron notables en su momento debido a las profecías que circulaban por toda la campiña francesa acerca de una "virgen" o "doncella" que se alzaría y salvaría a Francia. Juana se identificó con estas profecías, adquiriendo así cierta autoridad y credibilidad. Especialmente en el sitio de Orleans se la conoció como la virgen que salvaría a Francia. Esto fue crucial para su propia imagen e identidad. Juana era la "virgen" o "doncella" —"Jehanne la Pucelle", como ella se denominaba a sí misma— que había venido a expulsar a los ingleses de Francia, si era necesario mediante la batalla y el derramamiento de sangre.

Londres

INGLATERRA

Canal de la Mancha

FLANDES
Calais
Azincourt
Crécy
Ruan
Compiègne

SACRO
IMPERIO
ROMANO

NORMANDÍA

Río Sena

Reims
Vaucouleurs

BRETAÑA

ANJOU

Patay
París

Domrémy

Río Loira

Orleans

Troyes

POITOU
Chinon

Nevers

BORGOÑA

1429

Poitiers

Bourges

AQUITANIA

Burdeos

Río Garona

DELFINADO

GUYENA

ARMAGNAC

GASCUÑA

Toulouse

Aviñón

LANGUEDOC

NAVARRA

Mar
Mediterráneo

ARAGÓN

12

El cumplimiento del tiempo
El ascenso de la Doncella (1428 a 1429)

Juana continuó oyendo voces y teniendo visiones hasta 1428, aunque no se lo contó a nadie. Gran parte de lo que le revelaban se refería a ella personalmente, y hacían hincapié en la necesidad de preservar la virginidad. En una ocasión, un joven la cortejó, pero ella rechazó su propuesta de matrimonio, y contó con la ayuda de un tribunal eclesiástico que se puso de su parte.

Cuando tenía dieciséis años, las voces de Juana le ordenaron ir a Vaucouleurs, una fortaleza cercana leal a Carlos VII. Fue entonces cuando comenzaron a prepararla para su misión pública de rescatar a Francia de la incesante guerra y coronar a Carlos VII rey de Francia. Las voces le ordenaron que no comunicara a sus padres su intención de ir a Vaucouleurs, por lo que en mayo de 1428 obtuvo permiso para alojarse en casa de su prima en un pueblo cercano. Una vez allí, convenció al marido de su prima, Durand Laxart, para que la llevara a Vaucouleurs.

Cuando llegaron a Vaucouleurs, Juana reconoció inmediatamente, con la ayuda de sus voces, al comandante de la fortaleza de los armagnacs, Roberto de Baudricourt, aunque nunca lo había visto antes. Se acercó audazmente a él y le pidió una escolta armada hasta Chinon, donde se encontraba la corte itinerante del Delfín. Él se negó en redondo. En aquella época, no era raro que muchachas y jóvenes creyeran que tenían la misión divina de salvar a Francia y dejaran sus hogares para presentarse ante los señores importantes y pedirles ayuda militar. Juana regresó a Domrémy decepcionada pero con su virginidad intacta, lo que pudo no haber sido el caso ya que Baudricourt era un notorio mujeriego.

Domrémy fue invadido de nuevo por atacantes borgoñones en julio de 1428, y Juana y su familia se vieron obligados a huir con sus vecinos a Neufchâtel. Los ingleses y los borgoñones habían iniciado recientemente una nueva campaña e intentaron tomar la fortaleza de Vaucouleurs, pero fracasaron. También sitiaron Orleans, lo que supuso una muy mala noticia para Carlos y los armagnacs.

Durante su estancia en Neufchâtel, Juana encontró trabajo en una posada y en su tiempo libre aprendió a montar a caballo. Es probable que lo hiciera siguiendo las instrucciones de sus voces, ya que durante las pocas semanas que permaneció en Neufchâtel continuaron preparándola para su misión de levantar el sitio de Orleans. Más tarde testificó en el juicio que las voces le dijeron que sólo tenía un año, lo que ayuda a explicar su característica impaciencia y determinación de derrotar a los ingleses y coronar a

Carlos, ya que debía sentir una gran urgencia por completar la tarea que le había sido encomendada por Dios.

Sin avisar a sus padres, Juana regresó a Vaucouleurs en enero de 1429. Esta vez su persistencia dio resultado, ya que la fuerza de su personalidad y su decidida convicción pusieron de su parte a algunos de los oficiales de Baudricourt. Juana le dijo a Baudricourt que los ingleses estaban derrotando a los franceses en una importante batalla cerca de Orleans, y días después llegó un mensajero confirmando su clarividencia. Finalmente, Baudricourt accedió a proporcionarle una escolta armada en febrero para llegar hasta el Delfín a través de territorio controlado por el enemigo. Ante la perspectiva de vivir entre militares, Juana se cortó el pelo y empezó a llevar ropa masculina, probablemente por razones prácticas y con la intención de preservar su virginidad. Junto con su escolta, Baudricourt le regaló un caballo y una espada.

Su segunda estancia en Vaucouleurs hasta que partió hacia Chinon fue un momento de transformación para Juana, como si superara un hito vital o un rito de paso. A partir de este momento, se referiría a sí misma como "la Pucelle", la "doncella" que salvaría a Francia. El 13 de febrero, partió con su escolta. Carlos II, duque de Lorena, oyó hablar de Juana y le pidió que le visitara de camino a Chinon. El duque estaba enfermo y tenía esperanzas de curarse. Juana no le curó, pero se ofreció a rezar por él y le reprochó su infidelidad a su esposa y que tuviera una amante. A cambio de sus oraciones y a petición suya, Carlos permitió a Juana partir con su hijo, el duque de Anjou, y otros hombres que le serían útiles. Junto con éstos, recibió un caballo negro y cuatro francos.

Tras un viaje de once días y 350 millas, Juana y su escolta llegaron a Fierbois, cerca de Chinon. Juana envió un mensajero al Delfín para solicitar una audiencia y rezó en la capilla de Santa Catalina mientras descansaba. Ya se había corrido la voz por toda Francia sobre la Juana *la Pucelle* y su misión de salvar a Francia, y los habitantes de Chinon esperaban su llegada con gran esperanza y curiosidad.

Carlos se mostró reacio a conocerla y pidió que primero la examinaran unos clérigos. Días después, accedió a verse con ella, pero dispuso que la pusieran a prueba. Al entrar en el salón real donde estaban reunidos Carlos y sus cortesanos, Juana buscó con la vista al Delfín entre la multitud, pero Carlos iba vestido con ropas que no lo distinguían de los demás. A pesar de no haberle visto nunca, Juana lo reconoció de inmediato y se presentó. Lo aclamó como rey de Francia y le habló de la misión que le había sido encomendada de levantar el sitio de Orleans y llevar a Carlos a Reims para ser ungido y coronado rey.

Sin embargo, un hombre en la posición de Carlos no podía ser demasiado confiado. Tras esta breve presentación, habló con Juana en privado. No tenemos constancia de lo que se dijo, pero cuando se volvió con sus cortesanos, estaba muy animado y lo suficientemente convencido como para enviar a Juana a Poitiers para que teólogos leales a Carlos la examinaran. Fue allí donde ella predijo cuatro acontecimientos futuros, y todos ellos se cumplieron:

1. El sitio de Orleans sería levantado.

2. Carlos VII sería consagrado y ungido rey de Francia en Reims (que en ese momento seguía bajo el control de los ingleses).

3. Carlos recuperaría la lealtad y la obediencia de París (que estaba bajo el control de los borgoñones).

4. Carlos, duque de Orleans, prisionero en Inglaterra, sería liberado y regresaría a Francia.

Juana desempeñó un papel destacado en el cumplimiento de las dos primeras predicciones, y las otras dos se cumplieron tras su muerte en 1431. En 1437, París volvió a ser leal a Carlos. En 1440, tras veinticinco años de cautiverio y con la ayuda de sus antiguos enemigos, Felipe el Bueno e Isabel de Portugal, Carlos fue liberado y regresó a Francia. Tenía cuarenta y seis años en el momento de su liberación y se decía que hablaba mejor el inglés que el francés.

Los clérigos de Poitiers determinaron que Juana era una católica fiel y de moral virtuosa. Le pidieron una señal de que Dios la enviaba y ella respondió que se la daría en Orleans. No plantearon objeciones contra su participación en la liberación de Orleans, y le dijeron a Carlos que la presencia de Juana allí podría ser beneficiosa. Además, sería una prueba de la autenticidad de las voces de Juana. Tras ser examinada por la suegra de Carlos,

Yolanda de Aragón, para confirmar que era virgen, Juana fue finalmente aceptada como miembro del ejército de Carlos.

Carlos mandó hacer una armadura especial para ella que pesaba casi sesenta libras (veintisiete kilos). Todavía tenía la espada que le había dado Baudricourt, pero pidió que le trajeran una espada en particular, que, según sus voces, estaba tras el altar de la capilla de Santa Catalina en Fierbois. Describió que la espada tenía cinco cruces y que estaba enterrada delante o detrás del altar. Para su asombro, los enviados para buscar la espada la encontraron, le quitaron fácilmente el óxido y se la llevaron. Más tarde ella la rompió sobre la espalda de una prostituta del campamento, lo que alarmó a Carlos como un mal presagio.

Juana recibió permiso para diseñar su propio estandarte, que, según Juan de Orleans, mostraba una imagen de Cristo sosteniendo la flor de lis. En el juicio, Juana declaró que sus voces habían guiado su diseño y que le tenía más cariño que a ninguna otra parafernalia militar. Su estandarte se hizo famoso y ella afirmaba que llevarlo le impedía matar a nadie. A caballo o a pie, indicaba a las tropas francesas su ubicación en el campo de batalla[14] y a veces servía como una especie de grito de guerra. Se convirtió en un símbolo de la resistencia francesa a los ingleses y, al igual que los antiguos israelitas llevaban el Arca de la Alianza a

---

[14] No sabemos qué aspecto tenía Juana, pero según algunas descripciones era baja y robusta, físicamente fuerte y sana.

la batalla, el estandarte de Juana simbolizaba el poder de Dios en medio del ejército francés.

Carlos le dio un escudero, Jean de Aulon, que era miembro de su consejo, junto con otros combatientes, y la dotó de alguna forma de mando, aunque sólo fuera honorífico. Probablemente a petición de Juana, también le asignó un confesor, Jean Pasquerel, un fraile mendicante que había conocido a la madre de Juana en una peregrinación. Para completar su séquito, se unieron a ella sus hermanos Jean y Pierre, a quienes también se les dio armadura.

Los hombres que servían con ella eran leales y entusiastas. La consideraban la doncella de la profecía, enviada por Dios, que les daba la esperanza de poder evitar una derrota casi segura ante los ingleses. Juana nunca había estado en una batalla, nunca se había formado como caballero ni había aprendido estrategia militar, y nunca había viajado lejos de su pueblo natal hasta entonces. Pero tenía cualidades que no se pueden enseñar. Era carismática, tenía espíritu guerrero y poseía una extraordinaria resistencia física y mental. Era muy inteligente y tenía una memoria extraordinaria, lo que le permitía dar respuestas agudas que le sirvieron para ganarse el respeto de los hombres. También estaba firmemente convencida de la justicia de su causa y confiaba en el apoyo divino que esperaba recibir.

En resumen, su fe era inquebrantable.

13

El acontecimiento heroico de Juana
Llega la Doncella

Juana se unió a un grupo de refuerzos en Blois a finales de abril de 1429 antes de partir con ellos hacia Orleans. La difícil situación de los armagnacs no era del todo desesperada, pero los ingleses tenían la ciudad casi completamente rodeada, aunque algunas de sus fortificaciones eran débiles. La resistencia dentro de la ciudad aún no había sido quebrada, y los ciudadanos de Orleans habían pedido clemencia a Felipe, duque de Borgoña, ya que su señor, Luis, duque de Orleans, estaba prisionero en Inglaterra. Felipe habría tomado gustosamente la ciudad a cambio de su neutralidad, pero Bedford rechazó el trato. Aunque no prestó ayuda militar para resistir el asedio, Felipe retiró un pequeño destacamento de soldados borgoñones que luchaban junto a los ingleses.

La entrada en escena de Juana fue un catalizador inmediato para la moral de los franceses. Enérgica y dominante, dinamizando la causa del Delfín, se mostraba impaciente ante cualquier estrategia que no fuera el asalto directo y frontal. Siempre se inclinó por la carga y sus órdenes nunca eran ambiguas.

Sólo tenía un año para llevar a cabo la misión que Dios le había encomendado, y creía que sólo podía fracasar por su inacción o debido a la traición. Las cartas que Juana dictó al duque de Bedford estaban imbuidas de un lenguaje religioso que definía su causa como mucho más que meramente política o militar. Estaba luchando por mandato de Dios y recibiría Su poder, y si Bedford y los ingleses se negaban a ceder, sucumbirían al poder de su espada.

Juana llegó a Orleans y se unió oficialmente al ejército de los armagnacs el 29 de abril de 1429. Las fuerzas de Carlos estaban dirigidas por Juan de Orleans, que unos días antes había dado el inusual paso de viajar a Blois para recibirla en persona. A pesar de sus dudas sobre la autenticidad de esta doncella y su profecía, la recibió en su campamento. Durante su tiempo en el ejército francés, Juana puso a menudo a prueba la paciencia de los comandantes y estrategas franceses con su insistencia en atacar siempre. Sin embargo, Juan de Orleans la trató siempre con respeto y mostró gran deferencia por su causa, aunque nunca le dio un papel importante en el mando del ejército.

Sin embargo, el verdadero poder de Juana residía en su influencia sobre las tropas, cuyo favor se había ganado. Las probabilidades estaban totalmente en contra de que una campesina adolescente estableciese una auténtica camaradería con aguerridos soldados medievales. Sin embargo, Juana fue capaz de ganarse su respeto gracias a la fuerza de su convicción en el origen divino de su causa y superó la desventaja de su sexo de modo tan absoluto que los soldados que lucharon con ella afirmaban que nunca sintieron deseo carnal por ella, aunque algunos de ellos vieron sus pechos mientras se vestía. Estaban cautivados por su virginidad, creyendo que le otorgaba un poder divino que podía canalizarse hacia la victoria en combate. Juana insistió en que las tropas dejaran de maldecir, confesaran sus pecados y asistieran a misa, y en que se abstuvieran del pillaje y el saqueo a civiles. No sólo era "la Pucelle", la encarnación de una profecía que prometía el fin de una guerra interminable, sino algo parecido a una santa viviente.

Su estandarte atraía a voluntarios, y muchos la obedecían en medio de la batalla cuando Juana ordenaba atacar. A menudo se ha dicho que la Edad Media fue la "edad de la fe" —fe en Dios, en la Iglesia, en los milagros y en las profecías— y parecía que toda Francia, al menos los que permanecieron leales al Delfín, habían puesto ahora su fe en "Jehanne la Pucelle".

Su primera misión fue ayudar a transportar alimentos a Orleans para sus asediados habitantes, una misión que al principio no quiso aceptar. Si la relación de Juana con Juan de Orleans se hubiera basado en sus encuentros iniciales y si Orleans hubiera sido menos cortés, habría sido una relación ciertamente difícil. Juana contaba con que los armagnacs atacarían inmediatamente a los ingleses a su llegada y que Dios daría la victoria a los franceses a través de su liderazgo activo. Interpretó la orden de Orleans de que participara en el transporte de alimentos como un intento de engañarla, y en su siguiente encuentro, Juana se dirigió a él con duras palabras. Orleans se mostró comprensivo y le explicó educadamente que se necesitaban refuerzos antes de que un ataque pudiera tener éxito, y que la guerra no era sólo cuestión de combatir. Juana, que era por naturaleza frugal, se opuso a una tarea tan mundana que le parecía que la apartaba de su misión, pero aun así aceptó ayudar. Seguía el problema de que los vientos en contra impedían a los barcos de aprovisionamiento navegar río abajo hasta la ciudad, pero Juana le dijo a Orleans que no se preocupara, y en ese momento cambió la dirección del viento. Orleans se quedó estupefacto, pero Juana no pareció sorprendida.

Los ingleses no pudieron impedir que los barcos de transporte llegaran a la ciudad y los treinta mil ciudadanos de Orleans recibieron las provisiones necesarias. Además de suministrarles alimentos, Orleans pensó en levantarles la moral y pidió a Juana que le acompañara a la ciudad. Ella se mostró reticente —le parecía que era retrasar de nuevo el enfrentamiento militar directo con los ingleses— pero una vez más cedió a la petición de Orleans.

Aunque Juana no tenía autoridad como jefe militar en el ejército francés, su papel como figura espiritual que aumentaba la moral era de un valor inestimable y precisamente lo que los armagnacs necesitaban en ese momento. Cualquier éxito al que se la pudiera vincular no haría sino confirmar su identidad como "la Pucelle" enviada por Dios para expulsar a los ingleses y coronar rey a Carlos. Cabalgando junto a Orleans, a la vista de los ingleses que no tenían suficientes soldados para asegurar todo el perímetro, entró en la ciudad en un palafrén blanco. La población salió a recibirla con gran júbilo. "La Pucelle" había llegado y tenía un año para completar su misión. Sin embargo, tan sólo unos pocos días después logró su primer gran (e histórica) victoria. Diez días después, los ingleses levantaron el asedio y se retiraron.

Un héroe es elegido

14

La historia da un giro
La batalla de Orleans

La ciudad de Orleans estaba sitiada desde octubre de 1428. Mientras el ejército de los armagnacs esperaba refuerzos, Juana dictaba cartas a Bedford y a otros capitanes ingleses. Las dos primeras cartas no han sobrevivido. Una tercera carta, fechada el 22 de marzo de 1429, fue lanzada en la punta de una flecha por encima de los muros de las fortificaciones inglesas, ante las burlas de los soldados ingleses, que la llamaban son sorna "vaquera" y "puta" y le decían que volviera a su pueblo "a cuidar de sus vacas". En esta carta (cuyo contenido es probablemente similar al de las dos cartas perdidas) Juana exigía que los ingleses abandonaran sus posiciones fortificadas alrededor de la ciudad y se rindieran a "la Pucelle... enviada aquí por Dios, Rey de los Cielos". También exigió que devolvieran todas las ciudades que habían tomado y pagaran por todos los daños que habían causado al pueblo de Francia. Prometió tener misericordia y llegar a un acuerdo si cumplían sus exigencias, y añadió que podían "unirse a ella". A los que se negaran, amenazó con hacerlos matar. Bedford respondió con el silencio.

Juana consideraba que estaba al servicio del "Rey de los Cielos" más que del rey de Francia, y esto le daba más confianza que nada. Sin embargo, hubo una serie de ocasiones, incluidos los momentos previos a la batalla de Orleans, en los que esta confianza rayó en la impertinencia. Primero demostró la audacia que la caracterizaba cuando pidió a Baudricourt una escolta armada para ir al encuentro del Delfín. Más tarde se dirigió audazmente a Juan de Orleans cuando sintió que la habían engañado por haber sido asignada al transporte de víveres y no al combate. Más adelante en esta historia, cuando Juan Fastolf dirigía un nuevo ejército inglés hacia Orleans, Juana amenazó con decapitar a Juan de Orleans si no le avisaba de su llegada. Sin embargo, lo que unos consideran temeridad e impetuosidad es confianza en uno mismo y determinación para otros. En una época diferente y en circunstancias terribles, la línea que separa a ambas puede ser borrosa.

Episodios como éstos pueden verse como una muestra de la fe de Juana en el origen divino de su misión y de la confianza que tenía en sus voces. Los aldeanos que testificaron en el juicio de su rehabilitación la describieron como educada y bien hablada cuando vivía entre ellos. Es probable que Juana fuera consciente de que, siendo una mera campesina adolescente, debía ser enérgica para que los hombres la escucharan en un mundo de campos de batalla, armamento, máquinas de asedio y conquista.

Se estaba adaptando a lo desconocido lo mejor que podía y, como otras jóvenes al final de la adolescencia, aún no había madurado del todo.

Este proceso de adaptación al modo de vida militar medieval no estuvo exento de errores de juicio y dificultades iniciales. Debemos tener cuidado para no imponer nuestras modernas nociones de santidad sobre esta joven campesina ruda y tosca, dura, talentosa e inteligente. Es verdad que podía ser poco razonable, exigente y combativa. Pero también era una visionaria e idealista intransigente, una joven ardiente que sobrecompensaba su juventud y feminidad mediante amenazas aparentemente altaneras que a veces acababan en ataques de frustración y lágrimas.

Tras fracasar en su intento de persuadir a los ingleses para que se rindieran, Juana regresó al campamento para esperar las órdenes de Juan de Orleans. Juan se estaba recuperando de una herida recibida en febrero de 1429 durante el "Día de los Arenques", cuando las fuerzas francesas no lograron derrotar a un pequeño destacamento inglés que transportaba víveres —en gran parte, arenques en escabeche para comer durante la Cuaresma. El responsable del desastre fue el escocés John Stuart de Darnley, que cargó impetuosamente sin esperar refuerzos y pagó esta indiscreción con su vida. Otros grandes jefes militares que cayeron aquel día fueron Louis de Rochechouart y Guillaume d'Albret. El desastre de la "Batalla de los Arenques" hundió aún más la moral de las tropas armagnacs y de los ciudadanos de Orleans. También hizo que la confianza en Juan como general del ejército francés decayera, aunque más adelante demostró ser un buen estratega y comandante.

El miércoles 4 de mayo, mientras Juana estaba cenando con Orleans, se enteró por él de que se acercaba un ejército inglés comandado por John Fastolf. Esto la alegró e insistió en que Juan le avisara de la llegada de Fastolf. De lo contrario, dijo, "¡haré que te corten la cabeza!" Con el tacto que le caracterizaba, Orleans le aseguró que le avisaría y que estaba seguro de que ella cumpliría su promesa si no lo hacía. Cuando terminó la cena, Juana se retiró a sus aposentos a descansar.

A pesar de su cortesía, Orleans y los demás oficiales franceses no consideraban a Juana mucho más que una mascota o un amuleto de la buena suerte, que quizás podría resultar útil para infundir moral e inspiración, pero no para idear estrategias y dirigir tropas en la batalla. Ese mismo día, mientras Juana dormía, Orleans dirigió un contingente de tropas contra el monasterio de Saint-Loup, ocupado por los ingleses. Juana se despertó de repente. Sus voces la avisaban de que se estaba derramando sangre francesa. Reprendió a su paje, Louis de Courtes, y exigió que la armaran y prepararan su caballo para la batalla. Cuando se disponía a salir al galope hacia la Puerta de Borgoña, le pasaron su estandarte a través de una ventana.

Juana supuso que iba a entrar en batalla contra el ejército de Fastolf y se sorprendió al descubrir que Saint-Loup no era más que una pequeña escaramuza. Los franceses atacantes estaban cediendo, pero lanzaron un gran grito cuando llegó Juana, y como ocurriría durante toda la Guerra de los Cien Años, su aparición cambió las tornas en la batalla. Juana reunió a un grupo de soldados y dirigió una carga que dio fuerzas a todo el contingente francés. Atacaron con tal ferocidad que los ingleses se vieron obligados a abandonar el monasterio vestidos con ropaje eclesiástico para salvar la vida. Juana, creyendo que eran sacerdotes o monjes, detuvo el ataque.

Saint-Loup fue más que una victoria moral para los franceses: les dio la ventaja estratégica de tener un segundo acceso a través del cual los franceses podrían abastecer a los ciudadanos de Orleans y una base desde la que podrían llevar a cabo nuevas incursiones. Saint-Loup fue también la primera batalla de Juana. Su anterior contacto con la guerra se limitaba a las bandas de saqueadores que atacaron Domrémy, y no estaba preparada para el derramamiento de sangre de un campo de batalla. Su confesor y su paje describieron su angustia, y que lloró por los que creía que habían muerto sin recibir confesión. Ordenó a sus tropas que se confesaran y dieran gracias a Dios por la victoria.

El día siguiente era la fiesta de la Ascensión. Bajo lo que quedaba del código caballeresco, era costumbre abstenerse de combatir en días festivos, por lo que Juana se negó a luchar. Se confesó y recibió la Eucaristía, por la que profesaba una gran devoción. También envió tres cartas a los ingleses reiterando sus exigencias, pero éstos no respondieron e impidieron el regreso de dos de sus mensajeros.

En contra de los deseos del gobernador de la ciudad, Raúl de Gaucourt, y del alto mando del ejército francés, Juana dirigió a un grupo de hombres en una incursión el viernes 6 de mayo. Cruzó el río Loira e intentó atacar una bastilla llamada Saint-Jean-le-Blanc, pero los ingleses se retiraron al monasterio de Saint-Augustin, ahora convertido en fortaleza, al sur del puente de Les Tourelles. Los oficiales franceses querían detener el avance por ese día, pero cuando sus soldados regresaban a sus bases, los ingleses atacaron. Juana y Esteban de Vignolles, conocido como La Hire, salieron al encuentro de los atacantes y se les unió un nutrido grupo de soldados. La victoria fue tan apabullante que los franceses expulsaron a los ingleses de Saint-Augustin y les obligaron a retirarse a Les Tourelles.

Satisfechos con estas victorias imprevistas, los miembros del alto mando francés quisieron consolidar el terreno ganado y esperar refuerzos, pero Juana insistió en luchar. Fue herida en el pie por una bola con pinchos y predijo que volvería a ser herida al día siguiente. Como había previsto, una flecha le perforó el hombro cuando lideraba un ataque contra Les Tourelles, y se retiró brevemente del campo de batalla para recibir atención médica. Se le sugirió que se aplicara un amuleto a la herida, pero ella se negó diciendo que prefería morir antes que hacer algo que fuera contra la voluntad de Dios. Una vez vendaron su herida con grasa, Juana volvió a la batalla.

Al anochecer, Juan de Orleans quiso retirarse, pero Juana insistió en que la victoria estaba cerca. Juan de Orleans permitió que continuara el ataque mientras Juana rezaba en un viñedo. Cuando regresó quince minutos después, portando su estandarte, los soldados franceses vitorearon y el ataque se reanudó. La trompeta tocó en retirada, pero Juana hizo caso omiso. Algunos habitantes de la ciudad ayudaron a los soldados franceses reparando temporalmente el puente roto mediante escaleras y tablas y atacando Les Tourelles por la retaguardia. La moral de los ingleses, que temían que Juana fuera una bruja, se vino abajo. Sus defensas se quebraron y los soldados franceses sobrepasaron las murallas.

Más temprano ese mismo día, los franceses habían posicionado un gran barco lleno de madera y una sustancia inflamable bajo el puente. Cuando los ingleses se retiraban, los franceses prendieron fuego al barco y el puente se derrumbó, matando a más de cuatrocientos soldados ingleses que se ahogaron por el peso de sus armaduras. Entre ellos estaba su comandante, William Glasdale, a quien Juana llamaba "Classidas". Juana lloró por el hombre al que había amenazado y por las almas de los ingleses muertos, pero Les Tourelles, que llevaba ocupada por los ingleses desde el pasado mes de octubre, había sido liberada. El pueblo de Orleans se regocijó y Juana acompañó a Juan cuando entró de nuevo en la ciudad. Esa noche, Juana recibió atención médica para su herida de nuevo.

El domingo 8 de mayo, los ingleses abandonaron el resto de sus fortificaciones y se dispusieron en formación de combate, esperando que los franceses se opusieran a una retirada total.

Juana, a lomos de su corcel blanco y portando su estandarte, acompañó a un nutrido grupo de soldados al encuentro de los ingleses. Sin embargo, les prohibió atacar respetando las reglas de la caballería. Esto causó gran consternación entre los soldados franceses que, según un relato contemporáneo, se indignaron por tener que obedecer esta orden. Juana hizo decir dos misas en el campo de batalla. Las líneas de batalla se posicionaron cerca una de otra. Juana permitió a los franceses defenderse si eran atacados, pero los ingleses no quisieron luchar. Estaban convencidos de que Juana era una bruja y les había derrotado con la ayuda del diablo. Al cabo de una hora, los ingleses partieron por un camino que se alejaba de Orleans y se retiraron hacia Jargeau.

Ese día no habría una repetición de Crécy, Poitiers ni Azincourt. Los ingleses se retiraron derrotados, sellando la victoria francesa en la batalla de Orleans. Sólo podemos preguntarnos en retrospectiva qué daño podrían haber infligido los franceses a las aspiraciones del joven Enrique VI a la corona francesa si Juana hubiera permitido a los franceses atacar a sus desmoralizados y hechizados oponentes. Sin embargo, las reglas de la guerra estaban cambiando rápidamente, y en una ocasión posterior Juana no cumpliría con las exigencias de la caballería: una omisión que utilizarían en su contra durante su juicio por herejía.

Había transcurrido nueve días desde que Juana *la Pucelle* se unió al ejército de los armagnacs en Orleans el 29 de abril. En este corto espacio de tiempo, el asedio se había levantado y la campaña inglesa que en su día había amenazado con extinguir la causa del Delfín había sido frenada en seco. Cuando los clérigos que se entrevistaron con Juana en Poitiers le pidieron una señal, ella les dijo que se la daría en Orleans.

Había cumplido su promesa.

15

Misión y cometido
La campaña del Loira

Juana había cumplido una parte importante de su misión en Orleans y su estrella estaba en alza. La moral del ejército de los armagnacs era alta y, a pesar de desobedecer las órdenes, Juana se había ganado cierta credibilidad entre los capitanes franceses, especialmente Juan de Orleans y Juan II, duque de Alençon, de veinticinco años. Juana insistió en que Carlos fuera llevado a Reims para ser coronado sin demora, ya que los reyes franceses habían sido coronados allí durante casi mil años y la mayoría de los ciudadanos de Francia no aceptarían la legitimidad de un rey a menos que la coronación tuviera lugar en Reims. También era crucial que el heredero legítimo fuera ungido con el óleo sagrado que, según la leyenda, se utilizó en el año 496 d.C. para bautizar a Clodoveo, primer rey de los francos, y luego para ungir a sus sucesores.

La teoría predominante en aquella época era que los reyes reinaban por derecho divino, pero la gracia de Dios sólo llegaba a través de la coronación legítima y la unción sacramental con el óleo sagrado. Para los franceses, esto significaba el aceite de la antigua ampolla conservada en Reims. Convencer a la ciudad para que se someta a Carlos era crucial, ya que ser coronado en Reims uniría a gran parte de Francia en su apoyo. Incluso podría ayudar a persuadir a los borgoñones para que dejaran de lado viejos agravios y abandonaran su alianza con los ingleses.

Sin embargo, marchar a través de territorio enemigo sería peligroso y Reims todavía no había jurado lealtad a Carlos. Los franceses tendrían primero que asegurar las fortalezas a lo largo del Loira y empujar a los ingleses hacia el norte antes de que pudiera tener lugar una coronación en Reims. Con suerte, la guarnición borgoñona que custodiaba la ciudad se retiraría y los ciudadanos de Reims decidirían unirse a Carlos sin necesidad de asediarla o atacarla.

El ejército real salió finalmente de Orleans el 9 de mayo, pero la Campaña del Loira no comenzó hasta el 11 de junio. Poco después del 23 de mayo, Juana visitó a los duques de Alençon. El padre del duque, Juan I, había muerto en la batalla de Azincourt en 1415, y Enrique V entregó su ducado al duque de Bedford. Juan I fue sucedido por su hijo Pedro, que murió en 1425, lo que abrió el camino a Juan II (1407-1476) para heredar el ducado si se lograba expulsar a los ingleses.

La madre de Juan II, heredero sin herencia, confió a su hijo al Delfín Carlos, pero Juan fue capturado por los ingleses en la batalla de Verneuil el 6 de agosto de 1424, cuando sólo tenía quince años. Cayó prisionero del duque de Clarence, y su rescate se pagó finalmente el 21 de febrero de 1429, cuando su esposa vendió sus joyas y él accedió a ceder otros territorios en Francia. Sin embargo, la victoria francesa en la batalla de Orleans fue una gran bendición para el duque titular, ya que pronto recuperó esas tierras y pudo finalmente recuperar la posesión del ducado de Alençon en 1449.

Juan II de Alençon supo de Juana cuando llegó a Chinon para encontrarse con Carlos por primera vez. Abandonó rápidamente una montería y se apresuró a ir a su encuentro. Juana quedó fascinada con Alençon y ambos se hicieron amigos. Cuando le visitó a él y a la duquesa antes del comienzo de la Campaña del Loira, Juana pidió a Alençon que se uniera a ella para expulsar a los ingleses de Francia. La duquesa protestó, pero tras recibir garantías de Juana de que le devolvería sano y salvo, aceptó.

Carlos nombró a Alençon jefe del ejército de los armagnacs durante la Campaña del Loira, con Juana como consejera. La primera ciudad que tomaron fue Jargeau, que los franceses atacaron el 12 de junio. En un momento de la batalla, Juana le dijo a Alençon, a quien llamaba su "bello duque", que se moviera del lugar en el que estaba porque un proyectil estaba a punto de caer allí. Otro hombre llamado du Lude ocupó esa posición unos instantes después y fue abatido. Poco después, Juana subía una escalera de asedio con su estandarte en la mano cuando fue alcanzada por una roca que le partió el casco. Al final de la batalla, 1.100 ingleses yacían muertos y Jargeau fue tomada por los partidarios del Delfín.

Los franceses marcharon entonces hacia Meung, haciéndose con el control de la orilla sur del río el 15 de junio. Sitiaron Beaugency el 16 de junio, y la guarnición inglesa se vio obligada a retirarse a la fortaleza central. Alençon se enteró de que Fastolf y John Talbot, primer conde de Shrewsbury, dirigían sendos ejércitos hacia Beaugency, por lo que ofreció salvoconducto a la guarnición si rendían la fortaleza. La guarnición aceptó y se retiró antes de que llegara el ejército inglés.

Fue durante la Campaña del Loira cuando Juana fue abordada por Arturo de Richemont, condestable de Francia, que deseaba reincorporarse a la causa de los armagnacs. Su lealtad fue cuestionada por muchos en el bando del Delfín porque se puso del lado de los ingleses durante un breve lapso de tiempo, y Carlos y su consejero, Georges de La Trémoïlle, rechazaron su oferta. Juana, sin embargo, viendo la oportunidad de reforzar sus fuerzas, lo aceptó. Este fue otro ejemplo de cómo Juana estaba dispuesta a ignorar la voluntad de sus superiores si servía a su causa. Sólo podemos preguntarnos cómo vieron Carlos y sus consejeros la insubordinación de Juana, y si esta opinión no afectó al consejo que recibió después de que Juana fuera capturada por los borgoñones, cuando todavía podría haber sido rescatada. Pero entonces no tendríamos a la Juana que tenemos hoy.

Durante el asedio de Beaugency, Fastolf marchó a la cabeza de un ejército para unir fuerzas con Talbot a fin de que juntos pudieran reforzar la guarnición. Pero una vez que supo que se había rendido, se dio cuenta de que la campaña francesa no podía detenerse y se retiró hacia París. Esto supuso una oportunidad y Juana presionó a Alençon para que atacara. Lo que siguió fue la batalla de Patay, donde los franceses alcanzaron a los ingleses en retirada el 18 de junio y los diezmaron. La Hire desempeñó un papel destacado al atacar por sorpresa al contingente inglés y derrotarlo. Fastolf huyó en medio de la confusión y sus tropas quedaron sumidas en el caos. Talbot se quedó para luchar, pero fue capturado y hecho prisionero. Según un cronista borgoñón, los ingleses perdieron unos dos mil hombres, lo que representaba una parte considerable de su ejército en el continente. Los franceses, milagrosamente, sólo perdieron tres.

Juana llegó tarde al campo de batalla y no participó en la masacre. Fue testigo de las consecuencias de la victoria cuando La Hire y los franceses mataron brutalmente a muchos de los ingleses que se rindieron, manteniendo con vida sólo a doscientos nobles ricos como prisioneros para pedir rescate. En un momento dado, fue testigo de cómo un soldado francés hería mortalmente en la cabeza a un inglés. Bajó del caballo, tomó al inglés en sus brazos y escuchó su confesión. Independientemente de lo que Juana pensara de sus enemigos antes de la batalla y a pesar de su bravuconería, en más de una ocasión lloró por las almas de sus enemigos vencidos y mostró una sincera preocupación por su salvación.

La Campaña del Loira fue breve y contundente. Los franceses no sólo reconquistaron bases estratégicas en el Loira, sino que también detuvieron a las fuerzas inglesas y borgoñonas hasta el punto de que no había suficientes combatientes para defender el norte de Francia de una invasión. Esto abrió el camino para una marcha hacia Reims y la coronación de Carlos. El reciente giro de los acontecimientos también debió hacer reflexionar a los borgoñones. Si un rey francés legítimo iba a ser coronado y si los ingleses ya no disponían de los hombres necesarios para derrotar a los armagnacs, tal vez se podría llegar a un acuerdo razonable con Carlos para poner fin a la guerra civil.

16

Misión y cometido
La marcha a Reims y la coronación de un rey

La noticia de las recientes victorias francesas corrió por toda Europa. Juana se hizo famosa de la noche a la mañana y se le atribuyó gran parte del mérito del cambio en las fortunas de Francia. La historia fue creciendo y sus contribuciones se exageraron. No llegaría a cumplir los veinte años, pero Juana ya se había convertido en una leyenda viviente.

Tras el derramamiento de sangre de Patay, Juan de Orleans cabalgó con Juana para reunirse con el Delfín. Carlos estaba de buen humor y la discusión entre él y sus consejeros sobre la estrategia giraba en torno a dos opciones. La primera era marchar hacia el norte de Normandía y reconquistar las tierras perdidas y, si parecía propicio, marchar hacia París. La mayoría de los capitanes y consejeros reales abogaban por esta opción. La segunda, que Juana defendía, era marchar hacia Reims sin demora para que Carlos fuera ungido y coronado rey. Juana argumentaba que una vez que Carlos tuviera el derecho a reinar por la gracia de Dios, sería aceptado por el pueblo.

Someter Normandía era claramente la alternativa estratégica más sensata, aunque los consejeros reales reconocían las ventajas políticas de una marcha hacia Reims si tenía éxito. Juana insistió en que estaba siendo guiada por sus voces, pero se encontró con la decidida oposición de los consejeros reales. Recurrió a la oración y pronto recobró la confianza. Carlos vaciló, pero finalmente se dejó convencer por la importunidad de Juana.

El 29 de junio, el ejército francés marchó hacia Reims desde Gien con Juana cabalgando al lado de Carlos. Se enviaron cartas a varias ciudades a lo largo del camino anunciando la llegada del Delfín, prometiendo el perdón y alentando su lealtad. También se enviaron cartas al duque de Borgoña invitándole a la reconciliación. Los ingleses no se opusieron a la marcha y, tras breves negociaciones, las ciudades a lo largo de la ruta del ejército juraron obediencia a Carlos y proporcionaron alimentos a su ejército. Una guarnición de soldados ingleses y borgoñones permaneció en Troyes, donde en 1420 se había firmado el tratado que arrebató el trono a Carlos. Se negaron a rendirse, pero Juana ordenó llenar el foso de madera e hizo colocar cañones a tiro de las murallas de la ciudad. Pronto se rindieron y Carlos entró en Troyes el domingo 10 de julio.

Cuando el ejército se acercaba a Reims, una delegación de la ciudad salió al encuentro de Carlos el 16 de julio y le ofreció su plena obediencia. La guarnición borgoñona huyó. Pierre Cauchon, obispo de Beauvais y antiguo rector de la Universidad de París, aún leal a la causa anglo-borgoñona, abandonó la ciudad. En mayo de 1420 había participado en las negociaciones del Tratado de Troyes para desheredar a Carlos y más tarde presidiría el juicio que condenó a Juana. Ese mismo día, Carlos hizo una entrada triunfal en Reims con Juana cabalgando a su lado.

La ceremonia de consagración tuvo lugar al día siguiente, domingo 17 de julio, en el altar de la catedral de Reims. Cuatro caballeros, acompañados por numerosos altos cargos de la Iglesia, llevaron en procesión la ampolla sagrada desde la abadía de Saint-Rémy hasta la catedral. Como era costumbre, el rey prestó juramento de lealtad y se postró junto al arzobispo mientras se cantaba el *Te Deum* y se entonaban letanías. El momento culminante de la ceremonia fue la unción con el sacramento por parte del arzobispo, que mezcló una gota de aceite de la ampolla sagrada con el Santo Crisma. A continuación, el rey fue investido con el anillo, el cetro, las espuelas y las vestiduras reales, y se posó la corona real sobre su cabeza. El arzobispo y los grandes nobles le rindieron homenaje. Juana, vestida con armadura y portando su estandarte, se arrodilló ante él, le abrazó las piernas y le aclamó como el verdadero rey por voluntad de Dios. Carlos ya no era el Delfín. Era Carlos VII, rey de Francia.

Tras la ceremonia, Juana dictó una carta al duque de Borgoña instándole a hacer las paces con el nuevo rey de Francia. Hablaba en nombre del "Rey de los Cielos", invitando a Felipe al perdón mutuo y a la reconciliación con Carlos. Le rogó que retirara sus tropas del norte de Francia. Si se negaba, afirmó, estaría librando una guerra contra el Rey de los Cielos, así como contra el legítimo rey de Francia. Habría un gran derramamiento de sangre, declaró, entre sus soldados y entre todos los que "guerrean contra nosotros". Sin embargo, no consultó a Carlos ni a sus consejeros antes de enviar esta carta, ni estaba al tanto de las discusiones que estaban teniendo lugar entre los armagnacs y los borgoñones. El duque de Borgoña engañando a Carlos y sus consejeros, y el rey aceptó ingenuamente una tregua de quince días.

17

Vientos de cambio
La verdadera vocación de Juana

Desde el momento en que Juana puso los pies en el camino que la alejó definitivamente de Domrémy, la trayectoria de su vida ascendió vertiginosamente hasta alcanzar la cumbre de la sociedad francesa.[15] Coronar a Carlos VII había llevado cinco meses, y cinco meses después de su coronación, en diciembre de 1429, Carlos ennobleció a Juana y a su familia. Era famosa en toda Europa y había dejado una huella permanente en la historia, pero la fama y el éxito no le importaban mucho a Juana. Lo que más la motivaba era su misión y cumplir la voluntad de Dios que se le manifestaba a través de sus voces.

Tras la coronación de Carlos, Juana se preguntó en voz alta ante Juan de Orleans si debería volver a casa, a Domrémy, y retomar la vida rural de una campesina. Tres razones saltan a la vista para explicar por qué consideraría esta opción. En primer

---

[15] Salvo por la negativa de Baudricourt a su primera petición en mayo de 1428 y a partir de su consentimiento en su segunda visita para enviarla a Chinon con una escolta armada.

lugar, no estaba satisfecha con la política del rey y sus consejeros hacia los borgoñones y se dio cuenta de que su agresivo estilo de guerra era incompatible con la preferencia del consejo real por la diplomacia. En segundo lugar, es posible que añorara su hogar (algo habitual en alguien de su edad, sexo y experiencia vital). Y, en tercer lugar, puede que considerara que su misión estaba cumplida, al menos en lo que estaba en su mano. Su repentina e inesperada llegada infundió nuevas esperanzas al desmoralizado ejército real. Había desempeñado un papel indispensable en la victoria de Orleans y en la campaña del Loira. El Delfín que debía coronar era ahora rey. Aunque la tercera y cuarta predicción que hizo en Poitiers seguían sin cumplirse, había completado la parte principal de su misión con una rapidez deslumbrante que apenas dejaba dudas, excepto a sus enemigos, sobre el origen divino de sus voces.

Sin embargo, Juana no regresó a casa, y es razonable asumir que el rey le habría concedido este favor si ella lo hubiera pedido. Entonces, ¿por qué se quedó? ¿Cuál era precisamente la misión que le encomendaron sus voces? ¿Formaban parte de esa misión las predicciones que hizo en Poitiers? ¿Estaba segura de lo que Dios le pedía?

Cuando se reunió por primera vez con el Delfín en Chinon, lo que le anunció era en realidad un resumen de su misión. Le dijo que ella sólo duraría un año y que había venido a:

1.   Expulsar a los ingleses

2.   Llevar a Carlos a Reims para ser coronado rey

3. Liberar a Carlos, duque de Orleans, de su cautiverio en Inglaterra

4. Levantar el sitio de Orleans

Las predicciones que hizo a los clérigos de Poitiers coinciden con las anteriores, pero no de modo preciso. Ella profetizó que:

A. Los ingleses serían expulsados y se levantaría el sitio de Orleans (1, 4 anteriores)

B. Carlos VII será coronado rey en Reims (2)

C. París volvería a ser leal a Carlos

D. Carlos, duque de Orleans, sería liberado y regresaría a Francia (3)

"Expulsar a los ingleses" (1, A) es el único punto ambiguo de la lista. Podría significar "levantar el sitio de Orleans y expulsarlos del territorio de los armagnacs". Si es así, entonces cumplió este elemento de su misión al finalizar la Campaña del Loira — que fue, en retrospectiva, el principio del fin para los ingleses en la Guerra de los Cien Años. Los ingleses no sólo fueron expulsados de la fortaleza de Carlos, sino que ya no podían defender su territorio en el norte de Francia.

"Expulsar a los ingleses" también podría significar "expulsarlos por completo de Francia".[16] Esta interpretación también es posible con respecto a Juana y su misión, pero ella sabía que sólo duraría un año, y suponiendo que Dios no pide lo

---

[16] Un largo proceso que no concluyó hasta 1453.

imposible, habría sido muy improbable que Juana lograra expulsar a los ingleses por completo de Francia en el plazo de un año con un rey cauteloso y un consejo real titubeante. Dadas las circunstancias, es dudoso que esto formara parte de su misión divina, al menos mientras estaba viva.[17] Tal vez pensó en la idea de volver a Domrémy porque reconocía la improbabilidad de tal hazaña y se preguntaba si Dios estaría satisfecho con su obediencia hasta ese momento.

En cuanto a la lealtad de París a Carlos (C), ella no le anunció en Chinon que había sido enviada para ganarse la lealtad de París, una predicción que hizo en Poitiers. Tampoco es probable que creyera que esto formara parte de su misión, ya que sabía que sólo duraría un año y predijo que París volvería a ponerse del lado de Carlos en siete años.[18] Es posible que en algún momento posterior confundiera las predicciones de Poitiers con la misión que le habían encomendado sus voces e incluyera la liberación de París como parte de su misión.[19] O tal vez no concibiera la recuperación de París como parte constitutiva de su misión, sino que la entendiera al menos como consistente con ella, aunque no se lo exigieran explícitamente sus voces.

---

[17] Puede que su misión continuara en la eternidad y que ella haya tenido algo que ver con el resultado final.

[18] En 1436, París juró lealtad a Carlos, que entró en la ciudad en 1437. Se cumplió así la profecía de Juana de que se produciría en un plazo de siete años.

[19] El ataque de septiembre de 1429, en el que participó Juana, fracasó.

Finalmente, con respecto a la liberación del duque de Orleans (3), anunció a Carlos en Chinon que había sido enviada (misión) para liberar al duque de su cautiverio. Pero no es probable que creyera después de la coronación en Reims que ella tuviera el poder para lograrlo dada la disposición del rey y su consejo real.[20] Por lo tanto, es posible que considerara imposible expulsar a los ingleses de Francia y rescatar al duque de Orleans. Puesto que Dios no pide lo imposible, puede que expresara su deseo de regresar a Domrémy por darse cuenta de ello.

~

Existe un consenso general entre los historiadores en que los mejores comandantes de la historia fueron:

1. Alejandro Magno de Macedonia
2. Julio César de Roma
3. Aníbal de Cartago
4. Genghis Khan de los mongoles
5. Gustavo Adolfo de Suecia
6. Federico el Grande de Prusia
7. Napoleón Bonaparte de Francia

Si Juana hubiera regresado a Domrémy tras la coronación de Carlos en Reims, o si se hubiera quedado con el ejército y hubiera

---

[20] Carlos de Orleans fue finalmente liberado en noviembre de 1440 tras veinticinco años de cautiverio, nueve años después de la muerte de Juana, gracias a la ayuda de Felipe, duque de Borgoña, con quien Juana guerreó.

asumido un papel más pasivo, sometiéndose a los consejeros reales que siempre aconsejaban prudencia y diplomacia, sin duda no habría entrado en esta lista, pero habría sido recordada como una jefa militar sorprendentemente exitosa, aunque no tuviera el mando general del ejército francés. De ser así, no tendríamos la Juana que tenemos hoy y probablemente no dispondríamos de las transcripciones de sus juicios, que nos dan más información sobre ella que sobre cualquier otra mujer de la historia hasta la reina Isabel I de Inglaterra y María, reina de Escocia.

Pero la historia podría haber tomado otro rumbo: Si las circunstancias hubieran sido diferentes y Juana hubiera cumplido todo lo que anunció en Chinon, incluida la expulsión de los ingleses de Francia, y todo lo que predijo en Poitiers, entonces los historiadores podrían muy bien incluirla entre los mejores comandantes de la historia. Sin embargo, más allá de las especulaciones de los historiadores y de las complejidades de la época actual, queda una última posibilidad: que Juana pudiera llevar a cabo con la ayuda divina la totalidad de su misión y cumplir las cuatro predicciones de modo póstumo como santa en el cielo. Dios no pide lo imposible, sino que para Dios todo es posible (Mateo 19:26).

~

Tal vez pensó en regresar a Domrémy y a la vida campesina de su juventud, que se estaba perdiendo en los campos de batalla del centro de Francia, entre los acontecimientos geopolíticos de su época. Pero lo cierto es que el camino a Domrémy se le había cerrado para siempre y tal vez se dio cuenta de ello. De haber regresado, probablemente habría sido perseguida por los borgoñones o los ingleses, o tal vez por algún cazarrecompensas avispado que obtendría sustanciosos beneficios vendiéndola a sus enemigos.

Juana debió sentir los vientos de cambio que soplaban después de Reims. Sus voces le habían dicho que sólo estaría un año, "quizá un poco más". Si sabía que su misión conllevaba sacrificar su vida, no lo dijo. A juzgar por su comportamiento en el juicio, y especialmente por su expectativa de ser liberada por Dios y el horror que mostró al ser condenada por herejía, parece que no sabía que su misión llevaría necesariamente a su muerte.

Los vientos del cambio soplaban de verdad en la vida de Juana, aunque ella no supiera a dónde la llevarían. Los asombrosos éxitos de los primeros cinco meses dieron paso a resultados militares desiguales después de Reims. No sería un César en los campos de batalla de Francia, ni un Napoleón defendiendo su honor. Juana era una guerrera, pero no un soldado que, por encima de todo, está obligado a obedecer. Tampoco demostró el juicio prudente de un militar con formación. Si hubiera sido entrenada en las artes marciales de su época o hubiera asistido a una academia militar, que un día se convertiría en la norma en Europa, tal vez se le habrían inculcado estas cualidades. Pero Juana no tuvo la oportunidad de ser un soldado profesional, su misión no se lo exigía, y su sexo y su condición de campesina no se lo permitían.

Juana no es recordada como una gran jefa militar sino como una guerrera, un prodigio, un fenómeno. Su éxito no radicó en una estrategia militar clarividente, sino en su valor, su fortaleza, su determinación y su inquebrantable convicción de que se le había encomendado una misión divina, así como en un dinamismo implacable que contrastaba fuertemente con la inseguridad y desconfianza de su rey. Siempre presionaba por seguir adelante, por cargar, porque sabía que sólo tenía un año. Al final, sacrificó su vida por los dos reyes a los que servía, defendiendo el honor de uno de ellos en el sermón que predicó antes de su ejecución, y pronunciando el nombre del otro mientras las llamas la devoraban y la consumían, siempre confiando en sus voces y en el Dios que la había llevado a la hoguera.

A Juana no se la recuerda como una gran militar sino como una virgen, heroína, mártir y santa, que era en realidad su verdadera vocación. El historiador y el moralista pueden escudriñar en la historia de Juana y encontrar defectos y errores. Pero ningún héroe es intachable, salvo Jesús de Nazaret, y ninguna santa es perfecta, salvo María de Nazaret. No todos los héroes son santos, ni todos los santos son héroes. A pesar de sus defectos de temperamento y juventud, Juana era ambas cosas.

18

Punto de inflexión
Derrota en París

El duque de Bedford estaba reagrupando sus fuerzas tras la derrota de Orleans y el desastre de Patay. Una unidad reclutada por su tío, el cardenal Enrique Beaufort, obispo de Winchester, que debía marchar a Bohemia con autorización papal para luchar contra los husitas, fue desviada a Francia para compensar las pérdidas. Llegaron a Calais y el 15 de julio fueron inmediatamente redirigidos a París para reforzar la guarnición borgoñona.

Al mismo tiempo, los borgoñones negociaban con los ingleses para mantener su alianza y formar un nuevo ejército, y negociaban de mala fe con los armagnacs, prometiendo ceder la posesión de París como paso previo a un acuerdo de paz permanente. Georges de La Trémoïlle fue el principal negociador en nombre de los franceses. Junto con la suegra de Carlos, Yolanda de Aragón, reina de Anjou y Sicilia, La Trémoïlle era uno de los principales asesores y financieros de Carlos. También formaba parte de la facción que abogaba sistemáticamente por la paciencia y la diplomacia en lugar del conflicto armado, financieramente devastador, del que Juana era ardiente partidaria. Las negociaciones entre borgoñones y los armagnacs desembocaron en una tregua engañosamente fructífera de quince días.

Carlos podría haber tomado la iniciativa después de Reims, ya que su reciente serie de victorias había descolocado a la alianza anglo-borgoñona. Podía contar con la capacidad milagrosa de Juana para galvanizar al ejército con la aprobación divina que parecía acompañarla. También tenía la suerte de contar con una serie de oficiales de confianza (por ejemplo, Juan de Orleans, La Hire, el duque de Alençon), y sus fuerzas (a las que no podía pagar) rebosaban de hombres y entusiasmo. Si hubiera tenido la disposición de un hombre como Enrique V, habría reflexionado antes de decidir y la guerra podría haber terminado antes. En cualquier caso, terminó a favor de Francia, y Carlos siguió siendo rey.

Pero había otras cuestiones que considerar. Es posible que Carlos estuviera atormentado por la culpa del asesinato de Juan el Temerario en septiembre de 1419, y sus graves limitaciones financieras seguramente influyeron en su decisión. En cualquier caso, siguió el consejo de La Trémoïlle y dirigió sus esfuerzos hacia la diplomacia. Sin embargo, la tregua de quince días fue un espejismo, y la paz entre Borgoña y los armagnacs no se hizo realidad hasta la firma del Tratado de Arrás en 1435.

A partir de este momento, los caminos de Carlos y Juana se separaron. El camino de Carlos conducía a una paz diplomática con Borgoña, el de Juana a un enfrentamiento militar decisivo que se saldó con una victoria inmediata. Los dos caminos no eran compatibles.

Juana no estaba sola en su opinión, ya que Alençon también creía que había que atacar París sin demora. Ambos ignoraban las negociaciones que condujeron a la tregua hasta después de su firma. Cuando Juana se enteró, se vino abajo. El 10 de agosto, Juana confió lastimeramente a Juan de Orleans que, si Dios quería, prefería volver a casa, a Domrémy, y servir a sus padres en las tareas domésticas y del campo.

Carlos cruzó la campiña francesa en dirección a París, pero dejó de lado sus planes de atacar la ciudad una vez firmada la tregua. Las ciudades a lo largo de la ruta de Carlos se sometieron al nuevo rey. El 4 de agosto, Bedford envió un ejército a la orilla izquierda del Sena, y el 15 de agosto se produjo una escaramuza entre franceses e ingleses, pero no hubo ninguna batalla importante. Los ingleses, presintiendo que los franceses no entablarían una batalla decisiva, se retiraron hacia París al día siguiente.

Los armagnacs siguieron negociando con Felipe para garantizar que sería neutral, pero no se llegó a ningún acuerdo. El 28 de agosto, ambas partes acordaron una tregua de cuatro meses que finalizaría el 1 de enero de 1430. Como parte de la tregua, Carlos aceptó devolver a Felipe las ciudades que habían reconocido al rey como su señor. Treinta y seis días después de partir de Reims, Carlos completó el viaje de noventa millas y llegó a París. Para entonces ya habían llegado refuerzos ingleses que habían aumentado considerablemente las defensas de la ciudad. Bedford nombró gobernador a Felipe, y el duque de Borgoña, que había aprovechado la tregua para ganar tiempo, se retractó ahora de su promesa.

Al darse cuenta de las artimañas de los borgoñones, Carlos aceptó a regañadientes atacar París el 8 de septiembre —cuatro meses después de la victoria en Orleans —, pero para entonces sus posibilidades de éxito habían disminuido considerablemente. Las formidables murallas estaban defendidas por arqueros ingleses y borgoñones. Juana dirigía desde el frente, exhortando a los franceses y exigiendo que los defensores se rindieran al rey. Hacia el final de la jornada, fue herida en el muslo por un virote de ballesta y tuvo que abandonar el campo de batalla.

El ataque fracasó, y Carlos suspendió el asalto a la mañana siguiente y ordenó al ejército regresar a Saint-Denis. Juana y Alençon quisieron continuar, pero el 10 de septiembre Carlos les ordenó que se detuvieran y ordenó la destrucción de un puente sobre el Sena que hacía imposible un nuevo ataque.[21] El 12 de septiembre, tras sufrir entre mil y dos mil bajas, Carlos reconoció la derrota y dirigió su ejército hacia el sur, en dirección al Loira.

Juana dijo varias veces durante su misión pública que sólo temía la traición. El 31 de julio de 1429, a petición de Juana y en reconocimiento de sus contribuciones a la corona y al reino, Carlos eximió a los ciudadanos de Domrémy y Greux de pagar

---

[21] El puente había sido construido anteriormente por Alençon.

impuestos. El 23 de mayo de 1430, casi diez meses después de la concesión de este favor, Juana fue capturada por los borgoñones fuera de las murallas de Compiègne y posteriormente vendida a los ingleses. No consta que Carlos hiciera nada por liberarla.

19

Las arenas del tiempo
De la vida en la corte al cautiverio

Carlos no podía permitirse financieramente aprovisionar a un ejército lo bastante numeroso como para tomar París durante mucho tiempo. Los soldados que no abandonaron el ejército en septiembre, hambrientos y sin paga, recibieron licencia absoluta en octubre. Las ciudades que juraron lealtad a Carlos durante la marcha por el norte de Francia quedaron desprotegidas tras su retirada y fueron absorbidas de nuevo por ingleses y borgoñones a medida que llegaban más refuerzos ingleses del otro lado del Canal.

La herida de Juana necesitaba tiempo para curar, por lo que fue enviada a Bourges para descansar durante tres semanas bajo la protección del señor de Albret. Más tarde, sus anfitriones dieron testimonio de su auténtica piedad, humildad y castidad. Es posible que pensara de nuevo en volver a casa, a Domrémy, cuando comprendió que Carlos tenía pocas ganas de luchar y probablemente Juana hubiera podido irse con la bendición y el agradecimiento del Rey. Su amistad con Alençon había crecido y su colaboración se oponía a la política de paciente negociación de Carlos. Pensara lo que pensara, Juana optó por permanecer en la corte.

Para los reyes y reinas medievales era ventajoso e incluso necesario disponer de numerosos castillos y otros recintos donde albergar a sus cortes. La salubridad y la higiene eran una preocupación permanente cuando tantas personas convivían en el mismo espacio, con un flujo constante de visitantes necesarios para el funcionamiento de un gobierno real. Era inevitable que se acumularan los desperdicios y que los olores fueran tan desagradables, incluso intolerables, que fuera necesario cambiar de ubicación para preservar la dignidad real. Cuando la corte se desplazaba al siguiente destino en su circuito, un grupo de sirvientes reales barría y limpiaba el castillo o fortaleza que habían quedado vacíos de suciedad y escombros y lo preparaba para el retorno del monarca.

Pocos campesinos en la Edad Media habrían tenido acceso a una corte real. Carlos y sus consejeros, por ejemplo, deliberaron durante unos días antes de conceder una audiencia a Juana, a pesar de que se encontraban en grandes apuros, presionados tan fuertemente por ingleses y borgoñones, a pesar de que Juana había ganado cierta fama local como *la Pucelle* que salvaría a Francia. Todavía menos campesinos residían en una corte real y viajaban con ella. La mayoría de los campesinos se habrían sentido eufóricos por haber logrado lo que Juana consiguió y por haber alcanzado el estatus de leyenda viva. Pero ni siquiera el Acta de

Ennoblecimiento de diciembre de 1429 pareció satisfacerla. No habría satisfacción ni descanso para Juana hasta que hubiera cumplido la misión que le habían encomendado sus voces.

Juana estaba completamente descontenta con la vida en la corte, posiblemente en particular porque Carlos mantenía una corte fastuosa. Su único objetivo era derrotar a ingleses y borgoñones o forzar su rendición, pero el Rey, siguiendo las recomendaciones de sus consejeros, le prohibió unirse a Alençon por temor a que iniciaran una campaña militar y arruinaran los esfuerzos diplomáticos de Carlos con el duque de Borgoña. Esto probablemente la irritó, ya que admitió en su juicio que ella y la mayoría de los aldeanos de Domrémy detestaban a los borgoñones incluso más de lo que detestaban a los ingleses, sin duda porque los saqueadores que los asaltaban eran en su mayoría borgoñones.

Juana era valiosa para Carlos y le había hecho mucho bien. Pero en la mayoría de los aspectos no encajaban. Carlos se había criado en una corte real, Juana en una aldea campesina. Carlos poseía una sensibilidad refinada y se entregaba a los placeres de la vida cortesana. Juana era frugal y estaba acostumbrada a los modales toscos y al ambiente rural. Carlos era cauteloso, desconfiado, un administrador por naturaleza. No era un gran comandante, sino que prefería la diplomacia al combate. Juana era valiente, decidida, leal, de carácter fuerte, guerrera y líder natural en el campo de batalla, aunque no hubiera sido formada para la guerra. Cuando Juana fue capturada en 1430, Carlos hizo lo que le resultaba más fácil: nada. Frente a su deslealtad, Juana lo defendió ante sus enemigos, proclamando que era un buen cristiano. En términos de educación, clase, temperamento y conducta personal, Carlos y Juana eran incompatibles desde el principio.

Juana tampoco encajaba bien con los consejeros del Rey. Estaba claro que necesitaba sentirse ocupada y que su talento se aprovecharía. Perrinet Gressart era el líder francés de una partida de saqueadores que trabajaba para el bando anglo-borgoñón. Su riqueza y poder crecían y ocupaba varias plazas fuertes en el centro de Francia como agente de los ingleses, que le pagaban bien. Enviar a Juana con un grupo de soldados a atacar sus fortificaciones planteaba pocos riesgos, ya que no interferiría con los esfuerzos diplomáticos de Carlos con Felipe. Así que a Juana se le asignó la tarea de destruir la base de Gressart. Ésta no era la misión que recibió de sus voces, pero aceptó el encargo de todos modos, probablemente para mostrar lealtad a su rey e infligir justicia a una banda de saqueadores.

El asombroso éxito del que disfrutó hasta la coronación en Reims escaseó en esta campaña. Consiguió tomar Saint-Pierre-le-Moûtier por asalto directo con sólo unos pocos hombres a principios de noviembre. Pero cuando el ejército real sitió La Charité, donde se encontraba Gressart, a mediados de noviembre, el clima invernal, la falta de suministros y la falta de apoyo de Carlos y sus consejeros obligaron a Juana a levantar el sitio un mes más tarde. El fracaso del asedio no sólo le causó un gran disgusto, sino que su reputación en la corte y entre los soldados cayó. Se reincorporó a la corte de Carlos, y a finales de diciembre el rey la ennobleció a ella y a su familia.

El nuevo año de 1430 puso fin a la tregua de cuatro meses firmada el 28 de agosto entre Carlos y Felipe. El *esprit de corps* infundido en el ejército real por la llegada y las victorias de Juana se desvaneció tras la impopular tregua, que no había establecido una paz permanente. Carlos admitió finalmente en marzo de 1430 el engaño de Felipe.

Para empeorar las cosas, los ingleses enviaron refuerzos y suministros a Normandía, y Felipe se disponía a tomar por la fuerza las ciudades que Carlos le había prometido pero que aún no había cedido. Reims estaba amenazada, al igual que Compiègne. A mediados de abril, las voces le dijeron a Juana que sería capturada antes del día de San Juan, el 24 de junio.

Ingleses y borgoñones iniciaron una nueva ofensiva que pilló desprevenido al bando de los armagnacs. El Rey seguía negociando con Felipe, y sin informarle, Juana y un grupo de voluntarios partieron a finales de marzo. En Lagny le entregaron un bebé muerto y, mientras lo acunaba, el bebé volvió a respirar. El niño fue bautizado de inmediato y murió poco después. Juana fue acreditada con un milagro y aclamada públicamente. También capturó a Franquet de Arrás, un mercenario leal a los anglo-borgoñones. Intentó canjearlo por un camarada capturado, Jacquet Guillaume. Pero cuando se enteró de que Jacquet había sido ejecutado, entregó a Franquet a los oficiales locales, que lo juzgaron y ejecutaron como criminal. Más tarde, ella y su ejército fueron rechazados en el ataque a Soissons, que permanecía leal a Borgoña, y muchas de sus tropas marcharon por falta de alimentos.

Con los soldados que le quedaban, se dirigió a Compiègne para evitar que cayera en manos borgoñonas. El 23 de mayo, Juana y sus compañeros salieron del interior de la ciudad y atacaron un pequeño puesto borgoñón en Margny. Tras un éxito inicial, el ataque fue rechazado y muchos de sus soldados huyeron en retirada. Juana intentó reunirlos de nuevo, pero quedó rezagada y las puertas de la ciudad se cerraron antes de que pudiera entrar. Rodeada por las tropas borgoñonas y abatida de su caballo por un arquero inglés que la lanzó al suelo, sin más remedio que rendirse, se entregó a Lionel de Wandomme. Su escudero, Jean de Aulon, y su hermano Pierre también fueron capturados. Fue llevada rápidamente a Margny y custodiada. Según un cronista contemporáneo, los ingleses y los borgoñones se alegraron más de la captura de Juana que si hubieran capturado a quinientos soldados armagnacs. Felipe, atraído por esta gran novedad, acudió rápidamente a verla.

No se conserva ningún registro de su conversación.

20

Experiencia en el desierto
Encarcelamiento

Lionel de Wandomme estaba al servicio de Juan de Luxemburgo, señor de Beaurevoir, y le entregó a Juana poco después de su captura. Luxemburgo era pro-borgoñón y estaba a sueldo de los ingleses. Fue el principal representante del duque de Borgoña en las negociaciones que se mantuvieron con los consejeros de Carlos VII y participó en el engaño de Felipe. También era un militar experimentado que en numerosas ocasiones había saqueado tierras leales a Carlos. Tras recibir a Juana como prisionera, levantó el asedio de la bien defendida y aprovisionada Compiègne y trasladó a Juana a su castillo de Beaulieu.

Juana era un botín de guerra inestimable y los ingleses estaban dispuestos a pagar mucho por ella. Creían que era una bruja que tenía poderes mágicos en la batalla y la temían por razones políticas, ya que se había convertido en un símbolo del nacionalismo francés que podía galvanizar el sentimiento público en favor de Carlos. Sin embargo, Luxemburgo no era inglés y no estaba obligado a entregarla a los ingleses. Según la costumbre, tenía derecho a intercambiarla por otros prisioneros, venderla por un rescate al mejor postor o mantenerla bajo custodia.

Juana intentó escapar de Beaulieu y la llevaron a Beaurevoir, donde fue bien tratada por la esposa y la anciana tía de Luxemburgo, Juana de Béthune y Juana de Luxemburgo. En su juicio declaró que Juana de Luxemburgo pidió a su sobrino que no la entregara a los ingleses, pero la anciana murió en Aviñón en septiembre. En cualquier caso, Juan de Luxemburgo estaba vinculado a Felipe de Borgoña por un juramento de lealtad y, por tanto, no era totalmente libre de hacer con Juana lo que le placiera a él o a las mujeres de su casa.

Durante los meses que estuvo bajo custodia de Luxemburgo, los ingleses presionaron a los borgoñones para que se la vendieran y no la devolvieran a los armagnacs a cambio de un rescate. La Universidad de París, que estaba incondicionalmente de parte del bando anglo-borgoñón, envió una carta a finales de mayo solicitando que Juana fuera entregada a la Iglesia para un juicio eclesiástico. Pierre Cauchon tomó parte activa en la presión sobre los borgoñones y visitó a Juana dos veces en prisión. Cauchon, el obispo de Beauvais, había sido rector de la Universidad de París. Antes fue obispo de Reims, pero abandonó la ciudad y perdió el obispado cuando Reims juró obediencia a Carlos en el momento de su coronación. Cauchon tenía fama de ser inteligente pero severo, y quiso llevar a Juana a un juicio que él presidiría.

No se tiene constancia de que Carlos o los armagnacs ofrecieran un rescate por Juana, pero Luxemburgo tardó meses en venderla. Cabe preguntarse por qué Luxemburgo y los borgoñones dudaron. Tal vez tardaron en negociar el precio final o los ingleses tardaron en reunir el dinero, o tal vez esperaban que Carlos acabara superando la oferta de los ingleses. Sin embargo, el Rey tenía dificultades financieras y, tal vez por sus propias razones, permitió que Juana fuera vendida por 10.000 francos. El dinero procedía de los impuestos recaudados en Normandía.

Juana se angustió mucho cuando supo que había sido vendida a los ingleses y aún más cuando se enteró de que los ciudadanos de Compiègne estaban a punto de ser masacrados tras un asedio exitoso. Intentó escapar saltando desde una torre a un foso seco y más tarde declaró que prefería morir antes que ser entregada a los ingleses y ver a la gente de Compiègne destruida, pero negó cualquier intención de suicidarse. Juana se hirió en la caída, pero, en otra notable demostración de sus extraordinarias capacidades físicas, se recuperó rápidamente. Admitió en su juicio que se había equivocado al saltar y que lo había hecho en contra del consejo de sus voces, que la instaron a confesar su pecado y a estar segura de que el pueblo de Compiègne recibiría ayuda de Dios. El asedio se levantó el 24 de octubre.

El 23 de diciembre, Juana llegó a Ruan, fuertemente custodiada. Muchos en Europa se asombraron de que hubiera caído en manos inglesas, y se extendió la creencia de que sería rescatada por Dios y liberada. Los ingleses desconfiaban de ella y la encadenaron. El procedimiento normal para alguien juzgado en un tribunal eclesiástico era confinar al prisionero en una prisión eclesiástica, que habría sido mucho más cómoda que el horrible alojamiento que los ingleses habían dispuesto para Juana. Allí habría sido atendida por sacerdotes y religiosas. Pero Cauchon y los ingleses no le permitieron ese lujo. Juana fue confinada a una celda oscura en la torre de un castillo en la fortaleza de Bouvreuil y custodiada por soldados endurecidos —hombres "del rango más bajo"— tres de los cuales dormían en su celda por la noche mientras otros dos permanecían junto a la puerta. Siempre llevaba grilletes, dormía encadenada a la cama y sufría la angustia constante de una posible violación. Los guardias la atormentaron cruelmente con la pérdida de su virginidad en muchas ocasiones para aumentar su angustia.

21

Experiencia culminante
Interrogatorio y juicio
El Gran Juego

Para los ingleses, Juana era una peligrosa adversaria militar y la custodiaron como prisionera de guerra. Sin embargo, Juana sería más peligrosa para ellos como mártir que viva, por lo que buscaron desacreditarla como hereje, blasfema o bruja antes de darle muerte, un resultado que nunca estuvo en duda. Cualquier deshonra imputada a Juana se transmitiría también a Carlos y cuestionaría su legitimidad como rey.

Para Pierre Cauchon y los profesores de la Universidad de París, Juana era una peligrosa opositora política a la que no encerraban en una prisión eclesiástica por miedo a que escapara. Era una enérgica partidaria del Rey, del que estaban distanciados, y alineada con el bando de los armagnacs, al que se oponían. En sus esfuerzos por condenarla por cargos que no podían probar, estaban sirviendo a sus intereses políticos y personales y a los del partido anglo-borgoñón, no a los de la verdadera Iglesia.

Pero, hablando en términos históricos, el asunto era más complicado. La Iglesia había sufrido una considerable pérdida de prestigio por su impotencia durante el estallido de la peste y el escándalo del papado de Aviñón y el Cisma de Occidente. Esta crisis de autoridad se complicó aún más con la aparición de los reformistas del siglo XIV. El erudito John Wycliffe (m. 1384) tradujo la Biblia al inglés y la publicó en 1382. Una versión vernácula de la Biblia significaba que cualquiera que supiera leer podía estudiar e interpretar las Escrituras independientemente de la autoridad de la Iglesia. Las ideas de Wycliffe fueron adoptadas más tarde por Jan Hus, que fue quemado como hereje en 1415. Esto provocó una rebelión en Bohemia entre sus seguidores que desembocó en una serie de guerras civiles que duraron desde 1419 hasta 1434. Los líderes de la Iglesia también estaban inquietos por los nuevos movimientos espirituales que hacían hincapié en la inspiración personal, la revelación privada, la veneración excesiva de los santos y la conciencia individual. Además, el desencanto de las masas en el plano secular que estalló en la Jacquerie en Francia y la Revuelta de los Campesinos en Inglaterra amenazaba no sólo a la autoridad civil, sino también a la eclesiástica.

Cuando Juana fue capturada, la Iglesia pugnaba por salir de una prolongada crisis de credibilidad, y sus líderes ejercían su poder para recuperar el respeto perdido. A los ojos de Cauchon y sus aliados eclesiásticos, Juana y sus voces encarnaban la amenaza del populismo religioso frente a la autoridad eclesiástica, una amenaza que esperaban desacreditar y erradicar. Cauchon se jactaba de que llevarían a cabo un "hermoso juicio", pero debió de llevarse una desagradable sorpresa cuando vio cómo se desarrollaban los acontecimientos.

Juana fue sometida a otro examen de virginidad, que volvió a superar, ante Ana de Borgoña, duquesa de Bedford. Éste fue un duro golpe para Cauchon y los ingleses, al igual que el resultado de la investigación sobre su vida en Domrémy, que no encontró ninguna falta o culpa con la que desacreditarla.[22] Tras comprobar que verdaderamente era virgen y no encontrar pruebas de herejía o brujería, los jueces no pudieron presentar cargos formales contra ella. Jean Lemaître, fraile dominico y vice-inquisidor, habría sido el más alto funcionario de la Iglesia en el juicio, pero se negó a participar alegando que iría contra su conciencia. El proceso no había empezado bien para los jueces, pero esperaban encontrar un pretexto para condenarla durante su interrogatorio. Bedford y los ingleses lo exigían.

Su juicio comenzó el 9 de enero. Nunca hubo duda de cuál sería el veredicto final, y Juana probablemente lo sabía, aunque nunca perdió la esperanza de que algún acontecimiento milagroso la salvara. Su trayectoria vital la había llevado ahora a caminar en la huella del Señor de la Historia, que 1.400 años antes también fue entregado a la voluntad de un enemigo implacable, que también fue sometido a una farsa de juicio y sufrió una muerte pública, violenta e injusta. Al final, los Anás y Caifás de su época y de la Suya sólo pudieron apoyarse en una mala interpretación de

---

[22] Cauchon se mostró muy disgustado con los resultados de la investigación en Domrémy.

sus palabras y en acusaciones infundadas, ya que nunca se presentaron pruebas creíbles para condenar a ninguno de los dos.

La primera sesión se celebró el 21 de febrero, Miércoles de Ceniza. Antes de que comenzara el interrogatorio, Juana pidió asistir a misa, pero se le negó por la gravedad de las acusaciones que pesaban sobre ella. Cauchon abrió la sesión pidiendo a Juana que jurara con su mano sobre los Evangelios que diría la verdad sobre todo lo que se le preguntara. Ella se negó, diciendo que no sabía lo que se le iba a preguntar y que sus voces le habían dicho que no revelara ciertos secretos. El asunto concluyó cuando se llegó a un compromiso en el que Juana juró decir la verdad sobre sus creencias religiosas, pero no todo lo referente a sus revelaciones privadas.

Se le pidió que dijera su nombre y que describiera brevemente su familia y su pueblo natal. Cauchon le pidió que recitara el Padre Nuestro, y Juana dijo que sólo lo haría si él la confesaba. Esto puso a Cauchon en una situación incómoda. Si se negaba a confesarla, estaría incumpliendo su responsabilidad como sacerdote. Si consentía, quedaría obligado por el secreto de confesión a no revelar nada de lo que ella dijera. Esta primera sesión fue un avance de lo que vendría después: un duelo de intelectos y voluntades entre Juana, que carecía de abogado, y Cauchon y sus aliados, teólogos muy preparados y miembros de la facultad de la Universidad de París. Juana resistió tan bien que Cauchon trasladó el juicio de la sala pública del castillo a la intimidad de su celda.

Había unos cuarenta prelados y doctores en teología, incluyendo a los escribanos que tomaban las actas. Uno de ellos fue Guillaume Manchon, que más tarde declaró que le instaron a tergiversar las palabras de Juana. También testificó que un notario levantó una copia no oficial. Las quejas de Manchon a Cauchon sobre estas irregularidades sólo le valieron una airada reprimenda.

El renuente dominico Jean Lemaître llegó finalmente a Ruan para asistir a la segunda sesión el 22 de febrero, después de que Cauchon hubiera escrito cartas a su superior religioso, pero sólo participó de forma intermitente durante el resto del juicio y estuvo en gran medida ausente. Lemaître estaba probablemente molesto por las tácticas empleadas por los interrogadores de Juana. Como no había pruebas de culpabilidad ni delito que imputarle, los prelados intentaron confundir a Juana y agotarla haciéndole múltiples preguntas al mismo tiempo, a veces por parte de más de un interrogador. La interrumpían con frecuencia, lo cual le causaba gran disgusto. Otra táctica consistía en hacerle la misma pregunta en diferentes sesiones y luego comparar sus respuestas, buscando alguna incoherencia.

Pero Juana estuvo a la altura de las circunstancias. Soportó las penurias de la prisión inglesa con gran entereza y mantuvo una notable compostura ante sus jueces eclesiásticos. Siempre portando grilletes, encadenada por la noche a un pesado bloque de madera, y siempre custodiada por ingleses "del rango más bajo". Sus voces le decían que respondiera con audacia y ella contestaba con tanta astucia que los notarios recibieron instrucciones de levantar acta de sus respuestas en tercera persona en lugar de en primera para atenuar el impacto de sus declaraciones. Varios de los presentes atribuyeron a Juana una memoria y una sagacidad extraordinarias, muy superiores a su edad y nivel de educación.

Al no encontrar pruebas de herejía, blasfemia ni brujería, sus jueces la interrogaron extensamente sobre su uso de ropa masculina. Ella declaró que se esforzaba por obedecer la voluntad de Dios en todas las cosas y que el estilo de su ropa era un asunto sin importancia. Los armagnacs habían aceptado el atuendo masculino de Juana como una adaptación práctica, ya que vivía entre hombres y a menudo montaba a caballo. También tenía sentido desde el punto de vista religioso, ya que sus voces le ordenaban preservar su virginidad, y los pantalones eran mucho más eficaces para evitar la violación que un vestido. Los inquisidores volvían periódicamente sobre este tema como parte de su estrategia para confundirla y cansarla.

Juana se defendió en éste y en todos los demás puntos tan bien que el juicio se convirtió en una vergüenza pública para Cauchon y sus aliados, un despliegue del coraje y la inteligencia de Juana frente a la parcialidad y vehemencia de sus enemigos. Esto fomentó la simpatía por Juana entre los asesores que no eran aliados de Cauchon. Varios de ellos criticaron la mano dura del obispo de Beauvais, y algunos de ellos se marcharon discretamente de Ruan cuando se hizo evidente que Cauchon estaba dispuesto a recurrir a la violencia. Cambiando de táctica,

Cauchon y otros tres jueces seleccionados empezaron a visitar a Juana en su celda para interrogarla en privado, una de las muchas irregularidades que se pusieron de manifiesto durante su juicio de rehabilitación.

Los interrogatorios privados en la celda de Juana continuaron casi a diario desde el 10 de marzo hasta el 17 de marzo, pero a pesar de los intensos interrogatorios por parte de múltiples profesores de la Universidad de París y de la amenaza de tortura, no se pudo encontrar ninguna prueba de la culpabilidad de Juana. Terminó así la fase preliminar del juicio canónico de Juana, en la que se interroga al acusado y se le da la oportunidad de retractarse antes de que comience el juicio ordinario. A lo largo de este calvario, Juana era reconfortada casi a diario por sus voces, que le decían que sería liberada de sus sufrimientos y que debía aceptar el martirio con serenidad. Ella suponía que por martirio sus voces se referían a las penalidades de su juicio y encarcelamiento, y seguía esperando que alguna calamidad la liberaría, salvando su vida. Pero sus voces tenían otra cosa en mente.

La siguiente fase del juicio comenzó el 26 de marzo. Durante el periodo intermedio a partir del 17 de marzo, se puso por escrito una lista de setenta acusaciones formales que se leyeron a Juana los días 27 y 28 de marzo. Las palabras de Juana fueron tergiversadas y muchas de las acusaciones se basaban en documentos falsificados. Algunos de los cargos eran meras invenciones. A Juana se le pidió que respondiera a cada acusación después de su lectura, pero se mantuvo firme en las respuestas que había dado anteriormente. Insistió en la autenticidad de sus voces y el origen divino de su misión. Frustrado y sin pruebas reales, Cauchon sabía que la única manera de condenarla era obligarla a admitir su culpabilidad. Exigió que se sometiera a su autoridad y a la de los demás prelados reunidos en Ruan como representante de la autoridad de la Iglesia en la tierra.

Juana volvió a ser interrogada en privado el 31 de marzo. Cada vez más desesperados y con los ingleses presionando para que la condenaran, sus interrogadores volvieron a exigirle que se sometiera a su autoridad y admitiera su culpabilidad. En la fase preliminar Juana había respondido que se sometería al papa si la llevaban a verle, pero se lo negaron. También se defendió insistiendo en que su primera responsabilidad era obedecer la voluntad de Dios, lo que siempre se esforzó por hacer, y obedecer el consejo de sus voces, ya que representaban para ella la voluntad de Dios. La reticencia de Juana a someterse a la voluntad de Cauchon y de los demás jueces admitiendo su culpabilidad fue interpretada como una ofensa a la autoridad de la Iglesia.

Entre el 2 y el 7 de abril, los setenta cargos contra Juana fueron condensados en doce y presentados a los asesores de Ruan y a los teólogos de la Universidad de París. Juana cayó enferma después de comer pescado que le enviaron de la mesa de Cauchon. Creyó que había sido envenenada y así se lo dijo a sus médicos. Es posible que el obispo de Beauvais recurriera a otros medios perniciosos para debilitar a Juana, ya que estaba sometido a una gran presión por parte de los ingleses para lograr condenarla. Sin embargo, no querían que Juana muriera en la cárcel. Cauchon volvió a visitarla el 18 de abril para exigir que se sometiera a la autoridad de los jueces.

Los teólogos de la Universidad de París coincidieron unánimemente en declarar a Juana culpable, pero no todos los asesores aceptaron condenarla sin más intentos de convencerla para que se sometiera a la autoridad de la Iglesia. Esto puso a Cauchon en una posición difícil. Demostrando una vez más su asombrosa resistencia física y mental, Juana se recuperó de su enfermedad. El 10 de mayo, fue amenazada con la tortura ante dos verdugos, Maugier Leparmentier y su ayudante. Ella respondió que, aunque le arrancaran todos los miembros del cuerpo, no contestaría a más preguntas ni cambiaría ninguna de sus respuestas. Leparmentier asistió a su ejecución el 30 de mayo y dio testimonio del heroísmo de Juana y de la compasión expresada por muchos de los espectadores, entre ellos algunos ingleses.

El 24 de mayo, Cauchon organizó el traslado de Juana al cementerio de la abadía de Saint-Ouen, donde se construyeron unas plataformas. En una de ellas estaban los dignatarios de la Iglesia, los abades de los monasterios locales y sus jueces. Juana fue escoltada a un estrado aparte frente a los dignatarios y escuchó un sermón predicado por Guillaume Érard lleno de recriminaciones que denunciaban sus supuestos crímenes. En un momento dado denunció a Carlos VII, y Juana interrumpió para defender al Rey, pero la mandaron callar. Cuando Érard concluyó, Juana volvió a apelar a Dios y al Papa.

Los testimonios de los presentes difieren en este punto. Lo que está claro es que se le presentó un documento que contenía su abjuración para que lo firmara. Un testigo presencial, Aimond de Macy, dijo que Laurence Calot, secretario del rey de Inglaterra, presentó a Juana el documento y le sostuvo la mano mientras ella firmaba con una cruz. Jean Massieu, que estaba en el estrado con ella, dio una versión diferente. Declaró que Juana no entendía el documento y pidió que se lo explicaran algunos clérigos. Érard se limitó a decirle que lo firmara en señal de sumisión a la Iglesia. El documento, según Jean Massieu, constaba de unas ocho líneas y estipulaba, entre otras promesas, que Juana dejaría de vestir ropas masculinas y cortarse el pelo y no volvería a tomar armas contra los ingleses. Massieu relató que el documento que entró en el registro oficial, sin embargo, contenía cuarenta y siete líneas en las que ella admitía que sus voces eran espíritus malignos y que era culpable de los delitos religiosos que se le imputaban.

Tampoco se sabe a ciencia cierta cómo esperaba ser tratada Juana una vez firmara la abjuración. Es probable que pensara que pasaría unos años en una prisión eclesiástica y que después se le permitiría volver a casa, a Domrémy, como era costumbre para los herejes que se arrepentían. También se le permitiría escuchar la misa y recibir los sacramentos durante su encarcelamiento. Sin embargo, una vez firmado el documento, se enteró de que sería recluida en una prisión inglesa bajo guardia inglesa durante el resto de su vida, un destino que temía.

Los ingleses estaban indignados con Cauchon y los otros oficiales de la Iglesia. Habían pagado mucho por Juana cuando la compraron a los borgoñones y querían ejecutarla. Algunos nobles ingleses desenvainaron sus espadas contra los eclesiásticos, pero uno de los clérigos aseguró a los ingleses que Juana no escaparía del final que los ingleses querían para ella.

Cauchon ordenó que Juana volviera a su celda. Le dieron un vestido y le raparon la cabeza, como era costumbre para los herejes penitentes. Tres días más tarde, Juana vestía de nuevo ropas de hombre. No estamos seguros de los acontecimientos de esos tres días, pero parece que Juana fue acosada por los guardias ingleses, que amenazaron su virginidad. Massieu declaró que los ingleses le quitaron el vestido una noche y le dejaron ropas de hombre. Al no tener otra opción, Juana empezó a vestirlas el 27 de mayo.

Sea como fuere, Cauchon, Jean Lemaître y otros jueces fueron a visitarla a la mañana siguiente. Ella les dijo que había vuelto a vestir ropa de hombre por voluntad propia, ya que vivía entre hombres y porque no había recibido lo que se le había prometido, a saber, estar una prisión inglesa y no en una prisión eclesiástica, que la mantenían encadenada y que no se le permitía comulgar. Dijo que sólo volvería a vestirse de mujer si cumplían sus promesas. Interrogada sobre sus voces, dijo que habían vuelto a visitarla y le habían dicho que se había equivocado al firmar la abjuración. Reiteró que en ningún momento tuvo intención de renunciar a sus voces y añadió que fue el miedo a ser quemada viva lo que debilitó su determinación. Para los jueces estaba claro que Juana había recuperado su confianza y rebeldía y que temía pasar el resto de su vida en una prisión inglesa.

Cauchon tenía ahora el pretexto que necesitaba para condenarla como hereje reincidente. El 30 de mayo, dos dominicos la visitaron en prisión. Martin Ladvenu escuchó su confesión y le informó de que ese mismo día sería entregada a los ingleses para su ejecución y que sería quemada en la hoguera. Juana comenzó a llorar y a lamentarse en voz alta, tirándose de los pelos y protestando ante Dios por haber sido tratada con extrema injusticia. Lamentó especialmente la dureza y la violencia de los guardias ingleses y reprochó amargamente a Cauchon, en su siguiente visita, ser la causa de su desgracia mortal.

Jean Massieu contó más tarde que Juana preguntó a Ladvenu, después de confesarse, si podía recibir la Eucaristía. Ladvenu no estaba seguro y envió un mensajero a Cauchon para pedirle permiso. En uno de los hechos más sorprendentes de este proceso, Cauchon dijo al mensajero que permitiera a Juana recibir la Eucaristía y que le diera todo lo que quisiera. Permitir que una hereje excomulgada y reincidente recibiera la Comunión habría sido sacrílego, y el hecho de que Cauchon lo permitiera pone en duda si realmente creía que Juana estaba en pecado mortal y era culpable de los crímenes por los que fue condenada.

22

Deus ex Machina
El momento heroico de Juana
Virgen, heroína, mártir, santa

Al día siguiente se levantaron de nuevo las plataformas en el Mercado Viejo, donde Juana pasaría sus últimos y dolorosos momentos. Los guardias ingleses y algunos consejeros compasivos la condujeron desde su celda hasta un carro que la esperaba en el exterior y la llevaron por las calles de Ruan hasta el lugar de la ejecución. Los espectadores abucheaban y se lamentaban por el destino de la desafortunada, y una gran multitud se reunió para escuchar a Nicolas Midy predicar un sermón final denunciando a Juana. Según Jean Massieu, había ochocientos soldados ingleses armados para garantizar que Juana no se fugara ni fuera rescatada.

Durante todo el espectáculo Juana rezó en voz alta a sus voces y al Dios en quien confiaba que la salvaría. Cuando Midy terminó su sermón, Cauchon se adelantó para pronunciar el veredicto. Tras enumerar sus supuestas ofensas y los medios que la Iglesia había utilizado para hacer que se arrepintiera, pronunció la pena eclesiástica de excomunión y entregó a Juana a los ingleses para que la ejecutaran. Más tarde, en el juicio de rehabilitación de Juana, se señaló que Cauchon nunca obtuvo una sentencia de un tribunal secular antes de entregarla para ser ejecutada, lo que constituía una grave omisión, ya que la Iglesia no tenía autoridad para condenar a muerte.

Los guardias la subieron al cadalso y exigieron al verdugo, Geoffroy Thérage, que cumpliera con su deber. Mientras la encadenaban a la estaca, Juana pidió una cruz, y un inglés que estaba cerca hizo una con dos palos y se la entregó. Ella la besó con devoción mientras rezaba en voz alta y se la puso en el pecho. El fraile Isambart de La Pierre se dirigió a una iglesia cercana y regresó con una cruz. Juana pidió que la sostuvieran en alto para poder verla mientras ardía. Massieu la acompañó al patíbulo y le brindó su simpatía y consuelo. Finalmente fue confrontado por un capitán inglés que le preguntó si el fraile pretendía tenerlos allí "hasta la hora de cenar".

Los guardias ingleses, impacientes, instaron a los clérigos a bajar del patíbulo y presionaron a Thérage para que consumara el decreto del obispo y concluyera aquel espantoso asunto. Thérage vaciló en el último instante antes de acercarse, pero obedeció, cediendo con tristeza a lo inevitable, como Pilatos había hecho 1.400 años antes. Prendió la leña que rodeaba a Juana. Las llamas crepitaron mientras el humo se extendía por encima de la multitud. La leña se había colocado lejos de la estaca para que Juana muriera de forma más dolorosa, una muestra final de la venganza de sus enemigos. El calor se hacía cada más intenso y la voz quejumbrosa de Juana aún podía oírse, clara y fuerte, sus fuertes lamentos acompañando al humo que se elevaba hacia el cielo como el incienso de un antiguo holocausto hebreo.

"¡JESÚS!... "

Las llamas se alzaron rápidamente sobre la pira.

"¡JESÚS!... "

Muchos de los guardias ingleses, que ya no estaban tan seguros como antes de la rectitud de su causa, callaron.

"¡JESÚS!... "

Las chanzas de la multitud se desvanecieron mientras los habitantes de Ruan se esforzaban por escuchar las últimas palabras de Juana.

"¡JESÚS!... "

Las llamas envolvieron a la desafortunada mientras el crepitar de las llamas se convertía en un estruendo infernal. Bedford se preguntó por un momento cómo semejante ejecución podría favorecer los intereses ingleses. Cauchon reprimió un reproche interior que amenazaba con romper su implacable determinación.

"¡JESÚS!... "

Muchos de los espectadores se compadecieron y algunos lloraron. Incluso entre algunos de los guardias ingleses, corazones endurecidos se ablandaron como a veces ocurre cuando la vida de otro ser humano, nacido de una madre humana, está a punto de extinguirse.

"¡JESÚS!... "

Antes de su final, Thérage lo supo. No había condenado a esta mujer por ningún crimen ni la había torturado por una confesión sin sentido. Sólo cumplía con su deber, pero sabía que estaban matando a una santa.

"¡JESÚS!... "

...Dijo la voz por última vez, su figura apenas discernible en medio de las llamas devoradoras.

Por fin, Juana bajó la cabeza y ya no volvió a hablar.

~

El crepitar de las llamas continuaba. Por lo demás, todo era silencio.

El hecho estaba consumado. Sus enemigos habían conseguido lo que querían. Los que la consideraban su enemiga sentían que el asunto había terminado. Pero no sentían que hubieran logrado gran cosa. El arrepentimiento y la pena, que antes sólo sentían vagamente, si acaso, ahora los abrumaban. Incluso entre la guardia inglesa había hombres cuyos corazones habían cambiado para siempre.

El acto se había cometido en una plaza pública, a la vista de todo el mundo, como si su transparencia lo hiciera moralmente justificable.

Ni bruja, ni blasfema, ni puta. Bedford se preguntaba qué saldría ahora de todo aquello.

~

Los restos de Juana fueron quemados tres veces. Cuando las llamas se extinguieron, los ingleses recogieron sus cenizas y las arrojaron al Sena. Para esta joven heroína de Domrémy no quedaría más recuerdo, ni tumba, ni lápida, ni testamento final que el que la historia y la Iglesia finalmente le otorgaron.

23

Victoria y reivindicación
La Guerra de los Cien Años (1431 a 1453)

Tras la muerte de Juana, los ingleses, creyendo haber despachado a un enemigo peligroso, reanudaron su campaña contra Carlos y los armagnacs sitiando Louviers, que se rindió el 28 de octubre de 1431. El cuñado de Carlos, el rey Renato de Anjou, fue hecho prisionero en la batalla de Bulgnéville, y un ejército real fue derrotado cerca de Beauvais y Champaña. Enrique VI, el rey de Inglaterra, que ahora tenía nueve años, fue llevado a Francia para ser ungido rey de Francia en Notre Dame de París el domingo 16 de diciembre. Faltaba la Santa Ampolla, conservada en la abadía de Saint-Rémy en Reims.

El 20 de febrero de 1432, Juan de Orleans volvió a tomar Chartres, y ese mismo año el duque de Bedford se vio obligado a levantar el sitio de Lagny. Un intento de asesinar a La Trémoïlle en Chinon fracasó porque la espada sólo le causó una herida superficial debido a su gran sobrepeso. Fue encarcelado por poco tiempo y expulsado de la corte de Carlos. Esto marcó un cambio en la forma en que Carlos y sus consejeros llevarían sus asuntos internos. Los franceses querían una mayor acción militar contra los ingleses, y La Trémoïlle debía ser reemplazado.

No obstante, las gestiones diplomáticas entre Carlos y los borgoñones continuaron. Se produjo un gran avance cuando la esposa de Bedford, hermana del duque de Borgoña, murió en 1432. El fuerte vínculo entre Bedford y Borgoña se disolvió, y la simpatía de Felipe por la causa inglesa disminuyó. Las conversaciones de paz entre franceses y borgoñones se celebraron en Nevers en enero de 1435, pero concluyeron sin un tratado. En agosto se celebró en Arrás otra ronda de conversaciones en la que participaron los ingleses, aunque los delegados ingleses se retiraron al cabo de seis semanas, negándose a negociar acerca de Normandía o quién debía ser rey de Francia. Bedford murió en Ruan el 12 de septiembre, lo que dejó un vacío de poder, ya que era el regente de Enrique VI en Francia. Fue sustituido por Luis de Luxemburgo, que no tenía la habilidad ni el tacto de su predecesor y se enemistó con el pueblo de París.

La muerte de Bedford puso fin de forma efectiva a la alianza anglo-borgoñona, ya que eliminó un gran obstáculo para la reconciliación entre Carlos y Felipe. El 21 de septiembre se firmó el Tratado de Arrás y Felipe reconoció a Carlos como legítimo rey de Francia. A cambio, Carlos concedió a Felipe más tierras y prometió que su representante se disculparía de rodillas ante Felipe por el asesinato de Juan el Temerario. También prometió construir un monumento en honor de Juan.

La guerra civil había terminado por fin y los borgoñones abandonaron la causa inglesa. Irónicamente, la madre de Carlos, Isabel de Baviera, que apoyaba el Tratado de Troyes y la desheredación de Carlos al trono de Francia, murió el 24 de septiembre.

Los ingleses consideraron que el Tratado de Arrás era una traición de Felipe a Enrique. Pero la guerra fue cada vez peor para los ingleses a medida que los levantamientos populares en el norte de Francia les obligaban a abandonar los bastiones que les quedaban. En febrero de 1436, las fuerzas francesas bajo el mando del condestable Arturo de Richemont, que había sustituido a La Trémoïlle en la corte de Carlos, sitiaron París. Contó con la ayuda de Juan de Orleans y del borgoñón Villiers de l'Isle Adam. El 17 de abril de 1436, Richemont entró en la ciudad con la ayuda de los parisinos. Tras un breve periodo de negociación, se permitió a la guarnición inglesa salir de la ciudad sana y salva, pero lo hizo bajo un coro de burlas y abucheos. En 1437 Carlos entró triunfante en París, cumpliendo así la predicción que Juana hizo en 1429 en Poitiers de que París volvería a rendir pleitesía a Carlos en un plazo de siete años.

Otra de las predicciones de Juana se cumpliría en 1440, cuando Carlos, duque de Orleans, regresó a Francia tras veinticinco años de cautiverio inglés. También en 1440 se produjo una conjura contra Carlos VII, conocida como la Praguerie, por parte de miembros descontentos de la nobleza. Éstos incluían a su antiguo aliado, el duque de Alençon, y a los duques de Borbón y Bretaña, celosos del poder de Richemont. También estaban implicados el duque de Borgoña y el hijo de Carlos, el Delfín Luis, que quería un poder real que Carlos no estaba dispuesto a ceder. Durante el resto de su vida, el Rey Carlos mantendría una relación tumultuosa con su ambicioso hijo, y en 1446 el rey desterró a su heredero al Delfinado. Carlos exigió más tarde que Luis regresara a la corte, pero éste se negó y acabó refugiándose con Felipe de Borgoña en 1456.

Los enfrentamientos entre franceses e ingleses continuaron, aunque algunos miembros de la nobleza inglesa, entre ellos los duques de Beaufort y Suffolk, abogaron por la paz. Suffolk consiguió concertar la Tregua de Tours en 1444, que duró dos años y estipulaba que los franceses controlarían el condado de Le Maine y Enrique VI tomaría como esposa a Margarita de Anjou, de dieciséis años, hija de Renato de Anjou y sobrina de Carlos. Se casaron en febrero de 1445 y Margarita fue coronada reina de Inglaterra en mayo. Margarita era testaruda y completamente francesa, y no apoyaba las reivindicaciones del rey inglés acerca de su derecho a ocupar el trono de Francia. Enrique, por el contrario, era débil de mente y cuerpo, y Margarita pudo lograr cierto nivel de control sobre él. El pueblo inglés despreciaba a su reina.

Le Maine se rindió a los franceses en 1448 y la tregua se renovó por otros dos años, hasta 1450. En 1449, los ingleses asaltaron la fortaleza fronteriza de Fougères, lo que dio a Carlos un pretexto para iniciar una campaña en Normandía. El rey había reformado el ejército francés a lo largo de los años, convirtiéndolo en el primer ejército permanente totalmente remunerado de Europa. Sus reformas también incluyeron el desarrollo de la artillería y la formación de oficiales de artillería. La campaña francesa en Normandía comenzó en julio de 1449, y Carlos entró en su capital, Ruan, en noviembre, después de que sus ciudadanos se rebelaran contra los ingleses. Se permitió que la guarnición inglesa saliera de la ciudad, pero Talbot, su comandante, permaneció prisionero.

El 15 de marzo de 1450, Thomas Kyriell desembarcó en Cherburgo con cuatro mil soldados ingleses y marchó para levantar el asedio francés de Bayeux. Fue interceptado por el conde de Clermont cerca de la aldea de Formigny. Los franceses se negaron a cargar como habían hecho en Crécy, Poitiers y Azincourt, y en su lugar emplearon sus cañones. Richemont llegó al atardecer para dar apoyo a Clermont, y los refuerzos ingleses fueron destruidos. Esto hizo imposible que los ingleses defendieran Normandía.

Los reyes ingleses habían mantenido la posesión del poderoso ducado de Normandía desde 1066, cuando Guillermo el Conquistador arrebató la corona inglesa a Harold Godwinson en la batalla de Hastings. La conquista normanda de Inglaterra supuso una fuente perenne de tensiones entre los reyes de Inglaterra y Francia, y el año 1066 puede considerarse el origen de la Guerra de los Cien Años. Casi cuatrocientos años después, el rey de Francia se sacó esta espina. La victoria en la Guerra de los Cien Años se atribuiría a Carlos VII. El destino de su homólogo, Enrique VI de Inglaterra, sería mucho menos feliz.

Una vez que Carlos se hizo con el control de Ruan, llamó a su consejero, Guillaume Bouillé, para que iniciara una investigación sobre el juicio y la ejecución de Juana. Los participantes que aún vivían fueron citados a declarar a partir del 2 de mayo de 1450. Entre ellos se encontraban:

- Guillaume Manchon (notario)
- Pierre Miget (juez)
- Cuatro frailes dominicos: Isambart de La Pierre, Martin Ladvenu (que estuvieron con Juana en el patíbulo), Guillaume Duval y Jean Toutmouillé.
- Jean Massieu (que acompañó a Juana de su celda a la sala antes de cada vista)
- Jean Beaupére (partidario de Cauchon)

Entre los que no pudieron tomar parte en la investigación se encontraban tres de los enemigos más implacables de Juana:

- Pierre Cauchon (m. 1442)
- Jean d'Estivet (m. 1438)
- Nicolas Midy (m. 1442)

El proceso culminó con la petición a la Santa Sede de un juicio de rehabilitación. El 7 de noviembre de 1455, en una ceremonia pública organizada por Carlos y sus consejeros y celebrada en la catedral de Notre Dame de París, Isabelle Romée, la anciana madre de Juana, pidió a tres representantes del Papa un juicio de rehabilitación. El juicio se trasladó a la Gran Sala de Ruan y concluyó el 7 de julio de 1456 con una declaración de nulidad.

Entre la investigación inicial y el veredicto final, los franceses continuaron presionando para recuperar los territorios ingleses en Francia. En 1453, Carlos envió tropas francesas a Guyena y Gascuña para expulsar definitivamente a los ingleses de Francia. El 17 de julio se libró la batalla de Castillon, en la que por primera vez se utilizó la artillería en el campo de batalla de forma intensiva. Cuando los ingleses cargaron, los cañones franceses los abatieron por docenas. Los que no murieron se rindieron. La victoria fue decisiva y, tras tres siglos de ocupación inglesa, los franceses recuperaron Gascuña y Guyena.[23]

No lo sabían entonces, pero Castillon marcó el final de la Guerra de los Cien Años. Sólo Calais permaneció en manos inglesas. En otro irónico giro del destino, Inglaterra pronto caería en su propia guerra civil, la Guerra de las Dos Rosas, entre 1455 y 1485.

---

[23] Ese mismo año, 1453, Constantinopla cayó en manos de los turcos otomanos.

Conclusión

Los historiadores intentan, con razón, evaluar el éxito de Juana como jefe militar. Sus logros se debieron en gran parte a su personalidad dinámica, a la inspiración y el impulso moral que proporcionó a las tropas, y a su firme determinación de obedecer a sus voces. Juana tenía una misión en todos los sentidos, y nunca hubo ninguna ambigüedad acerca de cuál era esa misión.

Tras su contribución en la batalla de Orleans, los resultados de sus esfuerzos militares fueron desiguales. Gran parte del mérito de la victoria final sobre los ingleses se debió a comandantes como Juan de Orleans, Alençon y La Hire. Carente de formación en ciencias militares, el repertorio estratégico y táctico de Juana era limitado. Si las cartas y las amenazas verbales no la hacían obedecer, su única alternativa era el ataque implacable. Con el estandarte en la mano, a menudo se encontraba en medio de las tropas o dirigiendo una carga. La diplomacia nunca formó parte de los cálculos bélicos de Juana, en marcado contraste con la política de Carlos con los borgoñones.

Pero la pregunta sigue abierta: ¿Habrían ganado los franceses sin Juana? Es probable que no. La mayor parte de la gente en aquella época creía que los ingleses estaban al borde de la victoria durante el asedio de Orleans. Pero la repentina e inesperada llegada de Juana insufló nuevas esperanzas al desmoralizado ejército real, y desempeñó un papel indispensable en el levantamiento del asedio y durante la Campaña del Loira. En su primera batalla en Saint-Loup, Juana llegó tarde al campo de batalla después de que las voces la despertaran de una siesta. Su aparición tuvo un impacto inmediato en la moral de las tropas y, por primera vez durante el asedio de Orleans, los franceses lograron expulsar a los ingleses de una de sus fortificaciones. La confianza en Juana no dejó de crecer hasta alcanzar su apogeo en Reims.

Francia no tenía a nadie que pudiera disipar la desesperanza que impregnaba el bando de los armagnacs hasta que apareció Juana. Ella apeló a sus convicciones religiosas y a su sentido de la identidad francesa como nadie. Proporcionó liderazgo de palabra y obra e infundió confianza en la causa del Delfín de que Dios traería la victoria. Sólo ella, entre todas las doncellas, podía asegurar que había sido enviada por Dios y proporcionar resultados tangibles como prueba. Pero no podía desempeñar el papel de estratega militar: esa tarea debía recaer necesariamente en otros. A pesar de su arrogante confianza en sí misma, a veces no era apta para ese papel.

Sin embargo, en lo que respecta a su verdadera misión y vocación, Juana tuvo un gran éxito. Es notable que fuera capaz de persuadir a Baudricourt en Vaucouleurs para que le proporcionara una escolta armada hasta Chinon, y luego ser admitida en el salón real con nada más que una carta de recomendación y su reputación como que *la Pucelle* que salvaría a Francia. Reconoció a Carlos entre la multitud sin haberlo visto nunca, y cuando él la puso a prueba señalando a otro hombre que estaba cerca y lo identificó como el Delfín, ella se dio cuenta de su subterfugio. En menos de un mes se le concedió un puesto en el ejército de los armagnacs, aunque no fuera el mando que ella creía merecer. La victoria en Orleans confirmó su autenticidad y consolidó su posición en los acontecimientos geopolíticos de su época. Su lugar en la historia quedó definitivamente asegurado cuando convenció al Delfín para que viajara a Reims y asistió a su coronación vestida con armadura.

Los resultados militares desiguales después Orleans no disminuyen en absoluto el éxito de su verdadera misión y vocación, sino que lo revelan. Su captura inició una serie de acontecimientos que aseguraron que su historia se contaría para siempre en las páginas de la historia y en la eternidad. Su canonización fue su coronación, una victoria final sobre el Sanedrín que la juzgó y la entregó a la muerte. Sus voces siempre le habían asegurado que sería liberada, pero ella no parece haber entendido lo grandiosa que sería su liberación.

~

Juana fue canonizada el 16 de mayo de 1920, casi quinientos años después de su martirio. El 17 de mayo de 1925 —casi cinco años después— fue canonizada otra santa francesa que murió joven. Sus vidas no podían ser más diferentes, aunque fueron marcadas por varias coincidencias irónicas:

- Juana era una campesina medieval que vivió a principios del siglo XV, a la sombra del atroz siglo XIV. Thérèse (Teresa) Martin pertenecía a la clase burguesa del siglo XIX y llevaba una vida provinciana en una Normandía pacífica y próspera.

- Juana fue una los cinco hijos, ninguno de los cuales se hizo religioso. Teresa fue una de cinco hijos supervivientes (cuatro murieron en la infancia), todos los cuales se hicieron religiosos.

- Se cree que Juana nació el 6 de enero (la Epifanía). Sabemos que Teresa nació el 2 de enero. Teresa nació en Alençon, y el Duque de Alençon, Juan II, fue un gran amigo y camarada de Juana, que lo llamaba el "hermoso duque".

- Teresa nació en 1873, después de la guerra franco-prusiana, y murió en 1897, cuando se preparaba la Primera Guerra Mundial, pero Francia nunca estuvo en guerra durante su vida. Juana vivió toda su vida a la sombra de la guerra, y su misión la obligaba a participar en conflictos armados.

- Juana no se arrepentía de haber abandonado a su familia y declaró en el juicio que volvería a hacerlo si Dios la llamara. En cambio, Teresa estaba muy unida a su familia. Su madre, Zélie Guérin, murió cuando la niña tenía cuatro años y medio, y Teresa sufrió una crisis nerviosa. También se angustió mucho cuando sus hermanas se fueron de casa al convento, y cuando Pauline partió, Teresa parecía estar al borde de la muerte. Más tarde, como hermana carmelita, se sintió profundamente afligida cuando su padre, Louis Martin, agonizaba lentamente en 1894.

- Desde la muerte de su madre hasta su adolescencia, Teresa fue muy sensible, tímida y asustadiza, y a menudo sufría ataques de llanto. Juana también era propensa a los ataques de llanto y mostraba remordimiento al ver soldados muertos, pero no era especialmente sensible ni tímida y se cambiaba regularmente de ropa delante de soldados varones.

- Juana fue llamada por sus voces al servicio militar activo y a tomar parte en los acontecimientos geopolíticos de su época. Teresa fue llamada a un convento y a la vida de monja contemplativa y de clausura.

- Teresa era deferente con la autoridad, a menudo se declaraba "débil" e "impotente", y se refería a sí misma como "la Pequeña Flor". Juana era jactanciosa, dotada de un espíritu guerrero, dinámica y autoritaria durante su servicio militar, y mostraba una falta de deferencia hacia la autoridad, incluso la real.

- Como muchos franceses de su época, Teresa consideraba a Juana un símbolo del nacionalismo francés y le tenía devoción como santa. Escribió una obra sobre Juana y representó su papel ante su comunidad religiosa. También escribió varios poemas sobre Juana.

- No se conserva ninguna imagen de Juana, pero sus contemporáneos apenas mencionan su belleza. Los retratos de Teresa demuestran que era atractiva y que sus contemporáneos se fijaban en ella por su belleza.

- Juana coronó a un rey. Teresa conoció a un papa.

- Juana no sabía leer ni escribir, pero su historia quedó escrita en las transcripciones de sus dos juicios. A Teresa le pidió su superiora religiosa, la madre María de Gonzaga, que escribiera una historia de su vida, que se ha convertido en un clásico católico popular titulado *La historia de un alma*. Se han escrito muchos libros sobre ambas santas.

- Juana fue martirizada públicamente a los diecinueve años. Sus últimos momentos fueron cruelmente dolorosos, pero relativamente breves. Teresa murió a los veinticuatro años de tuberculosis. Su muerte fue prolongada y dolorosa porque su superiora religiosa creía que las religiosas profesas debían sufrir sin analgésicos, y no permitió que Teresa recibiera morfina. Su agonía final duró doce horas.

- Juana se hizo famosa por su importante contribución en la Guerra de los Cien Años y fue nombrada patrona de Francia en el momento de su canonización. Teresa se hizo famosa y fue nombrada trigésimo tercera Doctora de la Iglesia por su concepción de la "infancia espiritual" y la doctrina de su "caminito".

- La misión de Juana, según sus propias palabras, era:

  1. Expulsar a los ingleses

  2. Llevar al Delfín a Reims para ser coronado rey

  3. Liberar a Carlos, duque de Orleans, de su cautiverio en Inglaterra

  4. Levantar el sitio de Orleans.

- Al final de su vida, Teresa habló de su misión:

> Pero siento, sobre todo, que mi misión va a comenzar: mi misión de hacer amar a Dios como yo le amo y de dar mi caminito a las almas. Si Dios escucha mis deseos, mi cielo transcurrirá en la tierra hasta el fin del mundo. Sí, yo quiero pasar mi cielo haciendo el bien en la tierra.[24]

A pesar de sus muchas diferencias, Juana y Teresa tienen mucho en común:

- Estaban unidas en su devoción a la voluntad de Dios y su confianza suprema en la Providencia.

- Tenían madres devotas que les impartieron instrucción religiosa.

- Eran vírgenes.

- Fueron llamadas a una misión.

- Tuvieron un acontecimiento y un momento heroicos: Juana en su misión pública que culminó en su martirio, y Teresa en su enfermedad final que culminó en una muerte lenta y dolorosa.

- Caridad heroica demostrada: la principal cualificación exigida a un candidato a la santidad (es decir, el amor a Dios y al prójimo en grado heroico).

- Se convirtieron en santas muy queridas y conocidas.

---

[24] Teresa de Lisieux. *Obras completas,* p. 1026. Trad. Vicente Martínez Blat. Biblioteca Autores Cristianos, 2017.

La comparación anterior entre Juana *la Pucelle* y Teresa de Lisieux ilustra el principio de que se pueden encontrar héroes-santos en todos los ámbitos de la vida, en todas las épocas y en todos los lugares, desde los que son humildes y oscuros hasta los que se hacen famosos en la historia. A medida que la historia de nuestra vida se escribe día a día, deberíamos preguntarnos, a la luz de estas historias de santos héroes, si estamos en la búsqueda de un héroe o en la búsqueda de un tonto:

- ¿Tenemos claras nuestras prioridades en la vida?

- ¿Vivimos una vida virtuosa y permanecemos cerca de Dios en la oración?

- ¿Estamos respondiendo a la llamada de Dios de tomar parte en la historia heroica que quiere escribir con nuestra vida?

- ¿Dónde esperamos que termine el viaje de nuestra vida?

- ¿Qué papel desempeña el Señor de la Historia en la historia de nuestra vida?

Es una verdad espiritual fundamental que siempre alcanzamos lo que queremos cuando se trata de Dios. Pero ¿obtiene Dios siempre lo que quiere de nosotros? Y deberíamos preguntárnoslo en un momento de tranquilidad y reflexión ante Dios: ¿Hay alguna manera mejor de pasar la vida que con la esperanza de llegar a ser santo?

Respecto a la impresión producida por aquellas lecturas, debo confesar que el leer ciertas narraciones caballerescas, no siempre comprendía lo positivo de la vida. Así es que, admirando las patrióticas acciones de las heroínas francesas, particularmente de la Venerable Juana de Arco, sentía gran deseo de imitarlas.

Recibí entonces una gracia que he considerado siempre como una de las mejores de mi vida, ya que en aquella edad no me veía favorecida, como lo estoy ahora, por las luces de lo alto.

Jesús me hizo comprender que la única gloria verdadera es la que ha de durar siempre; que para alcanzarla no es necesario llevar á cabo obras ostentosas, sino más bien esconderse a los ojos de los demás y aún a los de uno mismo, de suerte que la mano izquierda ignore lo que hace la derecha.

Pensando entonces que había nacido para la gloria y buscando el modo de alcanzarla, me fue revelado interior mente que mi gloria no aparecería jamás a los ojos de los mortales, sino que consistiría en llegar a ser santa.[25]

—Santa Teresa de Lisieux

[25] Teresa de Lisieux. *Historia de un alma,* XXXVI edición, p. 45. Trad. Manuel Ferreyra. Editorial San Pablo, 1997.

Acerca del autor

El hermano Emmanuel Labrise, O. S. B., completó una licenciatura en Ciencias en el Saint Vincent College, un posgrado en la Bowling Green State University y otro en el Notre Dame Seminary. Es un monje contemplativo con más de veinte años de experiencia en la vida monástica. Pasó seis años como miembro de la Orden de los Cartujos y, desde 2009, forma parte de la Orden Benedictina. Entre otras tareas, ha enseñado en un colegio seminario, ha trabajado en el programa de formación de un seminario y ha dado conferencias en una casa de retiro. Actualmente, lleva una vida eremítica en la que sus principales actividades son la oración, la lectura, la reflexión y la escritura.

Libros del hermano Emmanuel Labrise, O. S. B.
Serie Un héroe es elegido
Historias heroicas de los santos

Libro primero: *Reflexiones de un monje poco común: hacia una teología de la santidad heroica*
Una introducción a la serie, y a su fundamento espiritual y moral.

Libro segundo: *La misión de la Doncella: la historia heroica de Juana de Arco*

    Primera parte: Contexto histórico.
Europa medieval de los siglos XIV y XV; Alta Edad Media; guerra de los Cien Años; historia de Francia e Inglaterra.

    Segunda parte: La misión de la Doncella.
La historia heroica de Juana, centrada en su misión pública (acontecimiento heroico) desde que abandona Domrémy, hasta su interrogatorio, juicio y muerte en la hoguera (momento heroico).

Libro tercero: *El buen siervo de Dios y del rey: la historia heroica de Tomás Moro*

    Primera parte: Contexto histórico.
La Europa renacentista de los siglos XV y XVI; período de la Reforma; historia inglesa y de la Iglesia.

    Segunda parte: El buen siervo de Dios y del rey.
La historia heroica de Tomás Moro se centra en su disidencia pública del rey Enrique VIII (acontecimiento heroico) hasta su ejecución (momento heroico).

Libro cuarto: *Rey de reyes: la historia heroica de Jesús de Nazaret*

Primera parte: Contexto histórico.
Historia del Antiguo y del Nuevo Testamento;
siglo I d. C. Ocupación romana de Judea.

Segunda parte: Rey de reyes.
La historia heroica de Jesús de Nazaret se centra
en su misión pública (acontecimiento heroico)
desde su bautismo en el Jordán por Juan el
Bautista, hasta su crucifixión en el Calvario
(momento heroico).

Libro quinto: *Fraile, sacerdote y mártir: la historia heroica de
Maximiliano Kolbe*

Primera parte: Contexto histórico.
La Europa de los siglos XIX y XX; el auge del
nacionalismo alemán; el nazismo y la Segunda
Guerra Mundial.

Segunda parte: Fraile, sacerdote y mártir.
La historia del héroe santo Maximiliano se centra
en su misión pública como fraile y sacerdote
(acontecimiento heroico) hasta su
encarcelamiento y muerte en Auschwitz
(momento heroico).

Libro sexto: *Una historia de vocación jamás contada: un relato
heroico de futuros santos*
Novela corta de ficción que transcurre a finales del siglo
XXII y principios del siglo XXIII.

Libro séptimo: *Versículos bíblicos de héroes: meditaciones de un santo*
Citas bíblicas inspiradoras desde Génesis hasta
Apocalipsis.

Notas y reflexiones personales:

Notas y reflexiones personales:

Notas y reflexiones personales:

www.ingramcontent.com/pod-product-compliance
Lightning Source LLC
Chambersburg PA
CBHW021628120626
46545CB00002B/450